霊ナァンテコワクナイヨー　目次

第一部

第一章　人間界と霊界のしくみ

第二章　霊的開運法

霊ナァンテコワクナイヨー

美輪明宏

PARCO出版

霊ナァンテコワクナイヨー

大地《だいち》は指《ささ》ば外《はず》るるとも、虚空《こくう》を繋《つな》ぐ者《もの》はありとも、潮《しお》の満《み》ち乾《ひ》ぬ事《こと》はありとも、日《ひ》は西《にし》より出《いづ》るとも、法華経《ほけきょう》の行者《ぎょうじゃ》の祈《いのり》の協《かな》はぬ事《こと》はあるべからず。法華経《ほけきょう》の行者《ぎょうじゃ》を諸《もろもろ》の菩薩《ぼさつ》・人《にん》・天《てん》・八部《はちぶ》等《とう》二聖《にしょう》・二天《にてん》・十羅刹女《じゅうらせつにょ》等《とう》、千《せん》に一《ひと》つも来《きた》って守《まも》り給《たま》はぬ事《こと》侍《はべ》らば、上《かみ》は釈迦諸仏《しゃかしょぶつ》をあなづり奉《たてまつ》り、下《しも》は九界《くかい》をたぼらかす失《とが》あり。行者《ぎょうじゃ》は必《かなら》ず不実《ふじつ》なりとも、智慧《ちえ》は愚《おろ》かなりとも、身《み》は不浄《ふじょう》なりとも、戒徳《かいとく》は備《そな》えずとも南無妙法蓮華経《なむみょうほうれんげきょう》と申《もう》さば必《かなら》ず守護《しゅご》し給《たも》ふべし。袋《ふくろ》汚《きたな》しとて金《こがね》を捨《す》つる事《こと》なかれ、伊蘭《いらん》を憎《にく》まば栴檀《せんだん》あるべからず。谷《たに》の池《いけ》を不浄《ふじょう》なりと嫌《きら》はば蓮《はちす》を取《と》らざるべし。行者《ぎょうじゃ》を嫌《きら》ひ給《たま》はば誓《ちか》いを破《やぶ》り給《たま》ひなん。乃至《ないし》　疾《と》く疾《と》く利生《りしょう》を授《さず》け給《たま》えと強盛《ごうじょう》に申《もう》すならば、争《いかで》か祈《いの》りの協《かな》はざるべき等《とう》と云々《うんぬん》。

日蓮上人《にちれんしょうにん》『御妙判《ごみょうはん》』――祈禱鈔《きとうしょう》に云《い》わく

「南無妙法蓮華経」とは、宗派に関係なく、清く正しく我欲を捨てて、柔和質直に、大きな声で元気よく唱えることにより、マイナスの現象をプラスにすることの出来る、波動調整のための〈燃料〉で〈食糧〉であります。

第二部

カバー画・挿絵・意匠　田中比佐良
口絵　美輪明宏 作
装丁・本文レイアウト　坂井智明（ブランシック）
中島健作（ブランシック）
口絵写真　御堂義乗

田中比佐良氏の作品使用にかんしましては、ご遺族より多大なるご厚意を頂きました。ここに記して感謝いたします。（編集部）

第一部

第一章　人間界と霊界のしくみ

人間とは頑迷なもの

今でこそ霊感だ、神様だ、仏様だとか言っていますが、かく申す私自身も、二十代になりたての頃までは、そんなものは信じない口でした。

「この世には神も仏もありはしない。それはみんな弱い人間の心がデッチ上げた、何かにすがりたいための偶像《ぐうぞう》だ」と思っていたのです。

人間が作った神仏なのだから、人間死んで眼を閉じてしまったら、後は何もない〈無〉だけなのだと、まして霊感とか幽霊とか、前世とか占いなんぞというものは、皆インチキに決まっていると思っていたのです。

幼い頃、私の家が水商売をやっていましたから、周りに女の人がたくさんいました。水商売の人というのは占いが好きな人が多いですから、子供の頃はよく連れて行かれたものです。占い師が私のことを姓名判断でいろいろと言うのですが、それがほとんど当たっていたのです。

「この子は親に縁がなく、一家離散し、異郷《いきょう》に出てさんざん苦労して頓死《とんし》」と言われました。頓死というところだけは当たっていませんが、しかし頓死スレスレで行き倒れになってみたり、家は破産してバラバラになりましたし、すべて当たっているのです。頓死も当たる寸前でした。肺結核になり、行き倒れて他人様に助けられたりしましたから。

その後、私の唄の先生が姓名判断に凝《こ》っていて、いつまでたっても芽の出ない私に、姓名判断の大家の先生の所へ行くようにと勧《すす》めたのです。私は信じてはいませんでしたが、行って良くなればいいと思って行きました。良くならなくても、これ以上悪くなりようがないというところまで来ていましたから、まあ、好奇心半分、冷やかし半分です。

そして、名前を変え、方位をとりました。水や土を良い方角へ採《と》りに行ったのです。

それから間もなく、本当に世の中が動き出したのです。私はいささか驚きました。まったくあてにしていなかったのですから。それなのに、あれよあれよという間もなく、自分で訳して歌ったシャンソン、「メケ・メケ」が大ヒットとなり、日本国中に悪名が轟《とどろ》いたのです。恐ろしい、綺麗な、気持ちの悪い、神武《じんむ》以来の美少年ということでした。しかしそういう力は信じませんでした。私の努力と運が強かったのだと思い、姓名判断や気学のせいではないと思っていました。

矛盾《むじゅん》していたのは、その頃私は電話がかかってくるとそれが誰からかわかったり、そばにいる人の考えがわかったりしたのです。そういうことは誰にでもあることなのだろうと思い、当たり前の事だと考えていました。お手伝いさんが和菓子を買ってくると、何も聞いていないのに「あなた、きんつば買ってきたでしょう。早くいただきましょう」と言って気味悪がられたりしたものです。

まあ何でもよかったのです。気持ちが悪かろうと良かろうと、名前さえ売れればいいと思っていましたから。名前さえ売れればそのあとゆっくりと時間をかけて、名誉挽回《めいよばんかい》の軌道修正《きどうしゅうせい》をすればよいと思っていたのです。そうは思ったものの、その軌道修正が、実はとても時間のかかる大変なものだということを後になってようやく知ったのです。

ですが、いずれにしろ、曲がりなりにも今は歌いたい時に歌い、芝居をしたい時に芝居ができる、結構な生活をさせてもらえるようになりました。こうなるには、今まで支えてくださったファンの方々や多くの知人の皆さんのお陰と、自分自身の努力でもありますが、それだけではない、〈目に見えないものの力〉が働いたことも事実なのです。

しかし、かつての私自身がそうであったように、なかなか人様《ひとさま》は目に見えないものとか、科学で割り切れないものは信じないようです。

でもそれは無理もない話なのです。信じるということは、自分が実際に見聞きし、体験してこそ初めて信じる気にもなるものなのですから。〝百聞《ひゃくぶん》は一見《いっけん》にしかず〟です。生まれつき眼が見えない人に、赤という色はどんな色か説明しろと言われるのと同じで、実に説明が困難なものです。その人が実際に眼が見えるようになって、自分で赤色を見て、自分の感覚で初めて「ははぁ、赤という色はこういう色なのか」と、とらえる以外には他に方法がないのです。

そうやってさえも、私がその同じ赤を見て感じた感覚と、その人の感じ方とはまったく同じではないかもしれないのです。ですからこればっかりは、貴方《あなた》ご本人に何度かそういう体験をして頂かないと、どうにもならないことなのです。そして、よしんば貴方が二、三度それを体験しても、それでもまだ信じられないかもしれません。私の知る限り、何人もそういう人たちを見てきましたから。

それほど、人間とは頑迷《がんめい》なものなのです。神仏を信じるどころか、自分自身の能力さえ信じない人が世の中のほとんどです。それで、「ああ、人間が信じられなくなった」とか、「まさかあの人が私を裏切るなんて、信じられない」と嘆く人が多いのですが、「では、あなたは自分自身を信じていますか?」と聞くと、答えは「否《いな》」なのです。**自分が自分を信じられないのに、人を信じることなんてできるわけがないのです。まず人間を信じたい、信じられたいと思うならば、自分自身を信じられる人間に仕立てあげるということがまず第一です。**自分を信じられる人が、初めて人を信じる資格を持てるということなのだと思います。

聖職者たちの信心

それこそ神仏をはじめとして、いわば〈霊の世界〉でオマンマを食べている神父さんや牧師さんやお坊さんでさえ、そんなことどうも信じられんという人たちも多いのです。じゃあ、いったい自分たちは何のためにそんな仕事をしているんでしょうかね？　自分が信じてもいないもので飯を食っているのは、他には詐欺《サギ》師ぐらいなものです。

信じられないのは霊ではなくて自分自身なのではないでしょうか。

考えてみれば当たり前かもしれません。なぜなら、信じられないような〈組織〉を作って、それを営業しているのですから。

キリストが生きていた時に、法皇《ほうおう》や枢機卿《すうきけい》や大司教《だいしきょう》、司教《しきょう》なんて階位《かいい》があったでしょうか。釈迦《しゃか》が生きていた時に、管長《かんちょう》、法王、権大僧正《ごんのだいそうじょう》なんてものがあったのでしょうか。

いいえ、そんなものありはしません。皆、後世の連中が商売の便宜上《べんぎじょう》、偉そうな階位をデッチ上げただけなのです。

そんな尊大ぶったところを、裸足で人々のため、野山を走り廻っていたキリストや釈迦が出現してきて見たならば何というでしょう。きっと、あきれてモノもいえないのではないでしょうか。あるいは、「原点に戻れっ！　皆、金ピカの法衣など捨てて、ゴテゴテと飾り立てた宮殿を出て、裸足で世界を駈《か》けめぐり、人々を救ってまわれ！」と一喝《いっかつ》するでしょう。しかし、ひょっとすると、それより早く、偉ぶっている聖職商売人たちが〈神の子〉を捕まえて、お得意の宗教裁判とやらにかけてしまうかもしれません。彼らが昔やったように。

そして、奇蹟《きせき》や霊を信じていない彼らのことですから、キリストも釈迦も、精神異常か詐欺師か、どちらかにさせられてしまうでしょう。今では火あぶりはできませんが、昔ならば多分すぐ死刑でしょう。

また不思議なのは、彼らは人々の魂《たましい》や亡くなった人の魂を救うのが仕事なのに、宗派によらず法皇その他の人たちには、困った人々が気安く会うことも接することもできないようなシステムにしています。面会したいとなったら大変です。一つ一つ上級への取りつぎが十重二十重《とえはたえ》とあって、その結果やっと「猊下《げいか》がお会いくださるそうです」と、恩着せがましく勿体《もったい》つけて言うのです。〈神の下僕《げぼく》〉とはそんなにお偉い方なのでしょうか。下僕は下僕でしょう。だったら下僕らしく、すべて素朴《そぼく》にすればよいのです。

キリストもお釈迦様《しゃかさま》も、聖人といわれる人たちは何を仕事にしていたのかというと、身の上相談所の相談員、解答者だったのです。みんなお釈迦様のところへ行ってああだこうだと相談する、それに対していろんな方便でもって答えられていた。ですから、お釈迦様のいた祇園精舎《ぎおんしょうじゃ》というのは〈身の上相談所〉だったのです。キリストもそうですし、親鸞《しんらん》とか日蓮《にちれん》とか、みんな身の上相談の解答者だったわけです。

それなのに、なぜああ勿体《もったい》ぶってキンキラ偉そぶるのでしょう。なぜあんな制度を作ってしまったのでしょう。あれこそ、「神の前には人皆平等」などではなく、時代錯誤《じだいさくご》の中世紀風封建主義《ほうけんしゅぎ》の塊《かたま》りです。自分たちの日常生活における階級主義、封建主義の生活態度を改めないで、どうして世界の人々に自由平等を呼びかけたり、人々の権力志向をたしなめたりすることができるのでしょうか。

キリストも釈迦も、さぞや苦笑なさっていらっしゃることでしょう。でも、ひょっとすると、考え方によれば、そんな人間たちだからこそ、人々のためにならないと、神仏が大寺院の奥深く閉じ込めてしまった、いや隔離《かくり》してしまったのかもしれません。いずれにしろそんな具合ですから、人々はだんだん〈信仰〉ということそれ自体も信じられなくなってきたのでしょう。

無理もありません、魂《たましい》を扱うのを仕事にしている人間どもが、権力争いやら金もうけにうつつを抜かし、あげくの果ては霊を信じていないのですから。人々が信じないのも仕方がないのでしょう。まして、もともとの無神論者の人たちが信じようとしないのも当然の話なのです。

しかしあるのです。実際にあるのです。あるものはあるのですから仕方がありません。

心眼で見る

霊魂は眼に見えないから信じられないとおっしゃる方が大勢いらっしゃいます。神様仏様も肉眼では見えません。見えないものは信じないというのは人間の性癖《せいへき》で、肉眼で見えるものだけを信じるというのが普通です。神様や仏様は霊体ですし、次元がちょっと違うので、この三次元の世界からは見えません。三次元の人間は、四次元、五次元の〈神様〉というのは見えないから信じられないわけです。けれども、信じようとする心が大事なのです。

電波はこの世にないとお思いですか？　電波は肉眼で直接見ることはできません。でも確かに存在します。肉眼で見えなくとも機械を通せば波動の形が見えるでしょう。ちゃんとこの世に電波はあるのです。でも見えません。

人々は目で見ることのできないものは信じようとしない癖《くせ》があります。でも、人間の眼などというものは大して信頼のおけるものではないのです。ネクタイ一本さげていればキッチリした人だと思い、ラフな格好をしていれば怪しい人間だと決めつけるのです。だからみんな簡単に騙《だま》されたりするのです。制服さえ着ていれば警官だと思い、学生服を着てさえいれば学生だと思い込むのです。ですから詐欺師たちが横行するのです。名刺の肩書《かたがき》一つで簡単に信用してしまうのです。本当に人間の眼というものはいい加減なものなのです。眼の前に薄い紙切れ一枚出しただけで、もうその先は何も見えなくなってしまうのです。たった紙ッペラ一枚でです。

それほどあやふやなものなのに、それに真偽《しんぎ》のすべてを賭《か》けているのです。ですから、人でもモノでもすべては〈心眼〉で見るように習慣づけていればよいと思うのです。心の眼で人を見る、これはなかなか難しいことですが、それは人に教えたり教えられたりできる筋合いのものではありません。自分自身が長い間の試行錯誤の中で、個人個人で会得《えとく》していくべきものなのです。

長い時間をかけて、心の眼で多くの人を見るようにしているうちに、次第に盲目であった人がだんだんとものが見えるような調子で見えてくるものなのです。するとこと、今までは氷山の浮かんでいる部分だけしか見えなかったのが、今度はちゃんと水中に沈んでいる部分までがくっきりと見えてくるようになります。そうなると、もう着ているものや肩書などというい加減なもので騙《だま》されなくなるのです。

なぜならば、今度は衣服をはじめとして、容姿、年齢、性別、肩書のように肉眼で見えるものはどうでもよいので、それらをはね飛ばして、心の眼でその相手の魂《たましい》だけを見ようとするようになるからです。そうなればしめたものです。もう、うっかり人に騙されたりするようなことがなくなるばかりでなく、世の中の真理を見ようとする心になるからです。

〝勝《か》てば官軍《かんぐん》、敗《ま》ければ賊軍《ぞくぐん》〟という言葉もあるように、世の中の常識とやらがいかにあやふやで、いい加減なものであるかがわかってくるのです。

常識と真理とは違うものです。

常識とはクラクラとすぐひっくり返るものなのです。過去の日本で申せば昭和二十年八月十五日の敗戦を境に、一夜にしてそれまでの常識が非常識となり、非常識が常識になっているところがとてもたくさんあります。しかし、真理は一つです。そして永遠のものです。永久に変わるものではないのです。いったい何が真実なのか、何が真理なのか、この人は、この出来事は、真理に果たして叶《かな》っているであろうかと、常に真理に沿《そ》って世の中を見るようになるのが心眼なのです。

真理には時間は関係ありません。新しい、または古い考え方なぞという言い方は当てはまらないのです。

科学は常識にすぎない

科学とは〈常識〉です。〈真理〉ではありません。なぜなら科学は刻一刻と人類の研究が進むにつれて変わってゆくのです。ガリレオの地動説によってそれまでの天動説の常識がひっくり返されました。地球は四角いと思われていたのが丸くなりました。医学も科学のうちの一つですが、それも急速なテンポで変化し続けております。しかし科学はまだまだ野蛮なものです。いまだに排気ガスの処理一つ満足にできないでいます。ガンの治療もまだまだです。もっと手近にいえば、白髪《しらが》の治療、ハゲの治療法、髪の毛一本の治療法すらないのです。すべてにおいてまだまだ解決されていない問題が山積みになっています。ですから科学がオールマイティではないのです。それにもかかわらず、多くの人は科学で割り切れないものはすべて信じられないというのです。

では、それほど「科学、科学」というのなら、科学とはいったい何であるか、すべてのジャンルの科学の方程式を皆さん知っているのかと聞いてみますと、おおよその人は何も知らないし答えられもしないのです。でもそれなのに科学がすべてのようなことをいうのです。よく知りもしないものに寄りかかっているのです。それこそ盲信というものです。

霊の話を高みに立って、そんなのは迷信だよという人がありますが、その人こそ科学迷信なのだと思います。ですから、いわゆる迷信を笑うのは目糞が鼻糞を笑うようなものでしょう。

それでもまだ、科学とか理論とかにしがみついていらっしゃる方もおられると思いますので、これからちょっとそれらしく述べさせていただきましょう。

人間は原子の塊り

まず最初に、私たち人間は情緒的《じょうちょてき》に見れば、人間という動物に見えています。でも物理的に見ますと〈原子の塊《かたま》り〉なのです。

私たちは肉体を持っています。肉体はそれぞれ蛋白質《たんぱくしつ》や脂肪、カルシウムなどから出来ています。それらいろいろな分子で構成されていますが、分子をさらに細かく見ていくと、それが原子の集まりであることがわかります。ですから結局私たちは原子の塊りということになります。

原子爆弾や原子炉や原子力航空母艦を恐れていますが、実は私たち自身が原子の寄り集まりなのです。それを人間と呼んでいるのです。愛だの恋だのといって人を好きになっているようですが、原子の塊りが原子を好きになって、くっつきたがっているにすぎないのです。セックスだって同じことです。原子と原子が摩《ま》擦《さっ》し合っているだけの話です。

それなのに人間どもは、道徳とか不道徳とかという妙なものをその原子の作用にべったりくっつけたりするのです。おかしな話でしょう？　変に情緒的な言葉をくっつけたりするのです。セックスと道徳とは全く別なものなのに、お味噌《みそ》も糞もいっしょくたにしてしまうのです。

また、病気というのは自動車の部品がこわれたのと同じことなのです。人工心臓などというものは、車でいえば部品交換ということです。老化というのは、自動車の老朽化《ろうきゅうか》と同じで中古車ということです。死というのは、廃車になる、つまりスクラップになるということです。肉体というのはそんなものなのです。たかがそんなものにすぎないのです。人は死ねば土に還《かえ》るといいますが、それは寄り集まって人の形をしていた原子が、元のバラバラになるだけの話なのです。

では、肉体とはそんなものだということがわかりましたが、それならば魂《たましい》とはいったいなんでしょう？

未発見の素子〈霊子〉

先程「原子が原子を好きになる」と述べましたが、その「好きになる」というのはいったい何なのか、どこからそんな「好きになる」という意識が出てくるのか、ということになってきます。

それは魂《たましい》です。ではその魂とは何かと申しますと、それは未発見の素子《そし》なのです。中性子とか陽子とかいう素粒子が、その存在を証明されたように、きっとその魂とか霊とかいう言葉で現在呼ばれているものがどういう素子なのか、ひょっとするとそのうち解明されることになるかもしれません。

その素子をここではひとまず〈霊子《れいし》〉と呼ぶことにしましょう。その〈霊子〉は、原子が一度に何百万の人間を殺傷《さっしょう》することができるのと同じように、たいへん強力なエネルギーの放射能を持っているのです。それは原子力と同じように〈霊子力〉と呼べるほどのものです。それを世間では、念力とかテレパシーとか霊力とかの言い方で表現しているのです。その〈霊子〉も電子と同じように、マイナスとプラスがあります。そのマイナスの〈霊子〉が、悪魔とか悪霊《あくりょう》とか怨《おん》霊《りょう》とかいう呼び方をされるものなのです。それは人々の日常生活において、あまりありがたくない作用を起こします。つまり人にとってのマイナスの出来事です。それ〈霊子〉から放たれるマイナス〈負〉の放射能によって汚染されるのです。それを情緒的《じょうちょてき》に表現すると、〈祟《たた》られる〉という呼び方になるのです。

人間＝原子。原子の核のまわりには電子があります。ですから人間の身体には、非常に多量のプラスとマイナスの電気が流れています。マイナスの電気が多くなればマイナスの出来事が起こります。マイナスとは病気とか死です。プラスは健康とか活力です。

マイナスは暗黒、雨、闇、冷気、悲、憂、不快、湿気、夜、影、陰、悪魔等です。プラスは明白、晴、光、暖気、喜、楽、壮快、爽気、昼、光、陽、神仏等です。

以上の他まだまだたくさんありますが、これだけ例を挙げておきましたら、後は皆さん自身どのようなものがマイナスかプラスかよくおわかり頂けると思います。この世はすべて〈陰〉と〈陽〉でできているのです。これを『正負《せいふ》の法則』といいます。

たとえば、縁起《えんぎ》の悪い人や家屋、土地等に接しますと、ゾクゾクッと寒気《さむけ》が走ります。そして何だかいやな臭《にお》いがします。これはマイナス、陰の電気の作用です。その反対に、縁起の良い人や家屋、土地等に接しますと、ふんわりと身体が暖かくなります。そして何やら良い香りがします。それがプラス、陽の電気の作用です。

よく家の中で「ピシッ！　ピシッ！」という、まるで枯れ枝かお箸《はし》を折ったような音がする時があります。それは〈ラップ〉と言われていますが、霊が出している音なのです。よく昔から柱が割れる音といいますが、そうではありません。柱も何もない空間でもその音は鳴りますし、移動もします。

人間の死というものは、肉体という原子の塊りがバラバラに地上なり空中なりに拡散され、霊魂という名の素子だけがむき出しのまま残され、宙に浮遊してしまう状態をいうのです。その素子は、光と同じように非常にスピードが速いものです。光は一秒間に地球を七廻り半できる速さだそうですが、その〈霊子〉なる素子も光に劣らぬほどの速さだと思います。なぜなら、非常に遠方で亡くなった人の話をしている時、もうすでにその死者の〈素子〉がその場に来ている場合があるからです。その素子自体がプラスであれば善霊ですし、マイナスの素子であれば悪霊《あくりょう》です。

ですから、先ほども述べましたラップ音が、高い調子の音ですとプラスの電気で善霊。低い調子の音の時はマイナスの電気で悪霊ということになります。霊魂つまり〈霊子〉は、肉体的なもの、つまり発声器官を持っていませんので、ラップ音だけで存在を知らせるのです。ちょうど電気がショートした時のような音と全く同じです。電子や原子と同じような性質のものだからそういう音を出すのです。

その素子自体は非常に微細《びさい》な記憶装置を持っています。近頃は顕微鏡の発達で、今まで発見できなかったもの凄《すご》く小さなものまでがどんどん見えるようになってきましたので、そのうちその〈霊子〉を観ることのできる顕微鏡もできるかもしれません。ミクロやマクロの世界はまだまだ研究の余地が残されているのです。

霊は〈神秘〉ではない

世にいうところの〈霊媒《れいばい》〉というのは、貸しスタジオと同じです。霊媒は人間ですから原子の塊りです。その原子の集団であるところの肉体が、魂《たましい》と呼ばれている素子を包んでいるのです。普通の生きている人間はすべてこういう状態になっているのです。しかし霊媒と呼ばれる人々は、その原子の集団（肉体）だけを残して、自分の霊子を外部に出してしまうことができるのです。そして、その肉体という名のスタジオを、別の霊子が借りて入り込むのです。なぜなら宇宙に浮遊している霊子は、声帯とか舌とか唇とかの肉体的発声器官を持っていないからです。ですからそれを借りて、スピーカーを通じて喋《しゃべ》り出すのです。

それを〈霊が乗り移る〉というのです。ですから、霊が乗り移った、わぁ恐ろしいと怖がる必要なんてまるでないのです。

どうして人間たちは何でもかんでも、神秘神秘とオドロオドロしい言い方に変えてしまうのでしょう。それこそ本当に、何でもない簡単なことにでも、妙チキリンな情緒《じょうちょ》をべたりと張りつけてしまうのです。困ったものです。ですから言葉をみんな変えてしまえばよいのではないのかと思ったりするのです。そうしたら不可思議だとか、神秘の世界とか、信じられないとかいって、恐ろしがる必要も全くなくなるのではないかと常々思っているのです。もういい加減に、前世紀的な野蛮人的心情から抜け出してもいい頃だと思うのです。

幽霊は素子、霊媒《れいばい》は貸しスタジオ。神様は純粋エネルギー。悪魔は不純エネルギー。神社、仏閣、教会は純粋エネルギーセンター。祟《たた》りや呪いはマイナス放射能汚染。悪魔祓《ばら》い、加持《かじ》祈祷《きとう》や読経《どきょう》お祓《はら》いはプラス放射能による汚染解除作業。

いかがでしょう。こうなると神秘もへったくれもなくなるのではないでしょうか。

生まれ変わりは素子の分裂

後で詳しく述べさせて頂きますが、私は天草四郎時貞《ときさだ》さんの生まれ変わりなのです。それを知る人々から、よくこう質問されます「貴方《あなた》が天草四郎の生まれ変わりなら、もうあの人はあの世にはいないはずでしょう。貴方が天草四郎の魂《たましい》を持ってきてしまってるんだから!」

なるほど、素朴な質問です。

しかし、それはちょっと違うのです。魂と呼ばれている素子は分裂するのです。それはちょうど細胞や核分裂と同じことです。天草さんの素子が分裂して、その一部が私の中に入っているのです。

よく〝世の中には自分と似ている人が三人いる〟と昔からいわれていますが、

私のような体験から、なるほどそれは素子が三つか四つに分裂したものを、それぞれの人間が等分に持っていることなのだろうと思いました。ですから、大本《おおもと》の天草さんの素子はいまだちゃんと私とは別に、宇宙を浮遊しているのです。私が霊媒という名の〈貸しスタジオ〉によって天草さんとお話できたのはそういうことだからです。

私や天草さんの素子の大本は、トロイという名の火の精、火の神だそうです。これも霊媒によって聞かされた、トロイの神の言葉でわかったことです。

生命の誕生のしくみ

〈生命の誕生＝神秘〉という言葉、これもよくいわれることですが、これにしたって神秘でも何でもありゃしません。

答えは簡単です。男女の性行為の最中に、女性の胎内に素子、〈霊子〉が入り込むのです。それはちょうど、真珠貝の中へ真珠の因《もと》になる核が入り込むのと同じ原理です。やがて真珠貝が蛋白質《たんぱくしつ》やカルシウムの涙を流して核を幾重《いくえ》にも包んでしまい、それがだんだんと大きくなって真珠となり、やがて人間に取り出されるのと同じことなのです。

女性の胎内に入った素子を、蛋白質やカルシウムがどんどん取り囲んでゆくのです。その素子の持つエネルギーと原子や電子が相乗《そうじょう》作用をおこして、だんだんと人の形をこしらえていくのです。そしてやがて所用時間を過ぎると押し出されてくるのです。それを人間の誕生というのです。

人間の肉体は機械と同じですから故障もします。すると、早産とか流産とかいう具合になるのです。そうなるとお医者様という名の修理工がそれを修理するのです。修理工にも腕のいい人と悪い人がいるように、お医者様でもそれがいます。

霊子の記憶装置

人間の身体は一つの宇宙だといわれています。そして非常に複雑な精密機械です。大脳の細胞は数百億もあるそうです。それと同じものがその素子の中にもあるのです。

これこそまったくミクロの世界ですから、何百億倍の顕微鏡でなければ見えない機構でしょう。その素子の中の機構の一つに、記憶装置があるのです。しかし、その装置は、新しく女性の胎内から出る時は、今までの録音テープと新品のテープとが自動的に取り換えられるようになっているのです。でも古いテープは消されるわけではありません。ちゃんとその素子の中にある整理棚にきっちり収納されているのです。

ですから我々もそれぞれの素子の中に、それをちゃんと持っているのです。しかし、誕生の際に新しいテープと取り換えられていますので、この世では忘れているのです。普段の生活の中で、生まれてからこれまでの出来事を一切《いっさい》刻々《こくこく》に全部覚えていていつも思い出していたら、それこそ精神に異常をきたしてしまうでしょう。前世の記憶どころか、一週間前のことですら朝から夜までの自分の行動を思い出すことはできないでしょう。子供の頃のことでもうろ覚えです。まして赤ん坊の頃のことなどまったく覚えがありません。この世の事ですら覚えていないのに、まして前世のことなど、なおさら覚えていないのは当然なのです。

生きてゆくのに必要な記憶だけがポンポンとコンピューターのように出てくるようになっているのです。人間とは実に巧《うま》くこしらえられたロボットです。

転生のしくみ

人間が前世でいろいろとしでかした事件が、未解決のまま今生《こんじょう》にまで持ち越されたものを、〈因縁《いんねん》〉とか〈因果《いんが》〉、また〈カルマ〉〈宿業《しゅくごう》〉などと呼びます。

それらは自分がしでかしたものばかりではなく、自分もかかわりのある事件であったり、また、自分ではなく、自分の先祖がかかわった事件の場合もあります。それが未解決のままバトンタッチされることを、先祖の因縁とか因果とかいうのです。

つまり、前の世の出来事は、前の世で解決してしまわなければならなかったのに、そのノルマを肉体の物理的時間切れのために消化することができなかったので、今世にまでそれを持ち越してしまったということなのです。

では、時間切れになったということはどういうことなのかといいますと、〈霊魂〉は永久的なものですが、それを包んでいる包装紙であるところの〈肉体〉には使用期限があるのです。

一般には、物には寿命があるという言い方をしますが、物体化している原子の集団は、時が経てばバラバラになって、個々の原子に戻る習癖があるのです。土《ど》葬《そう》にされた死体が骨だけを残して失《な》くなってしまうのもそれです。人々はそれを土に還《かえ》るという言い方をします。風化するとも言います。残された骨も頑丈《がんじょう》に固まっているために、なかなか原子がバラバラになるまでは時間がかかりますが、それとても、長時間たてばやはり骨の形は失くなっていくのです。その包装紙や着物の役目をしている〈肉体〉が古くなったり、壊れたり破れたりするので、それを脱ぎ捨てて新品の着物と取り換えて、「お待たせしました」と今世に再び出てくる状態を、生まれ変わりというのです。

その新しい着物（肉体）は、前世のものと同じ種類の着物（肉体）かというとさにあらずで、和服（日本人）の場合もあれば洋服（西洋人）の場合もあり、中国服（中国人）等々、様々《さまざま》な民族衣裳の場合もあります。

前世に日本人だから日本人に生まれ変わるとは限らないのです。

米国《べいこく》は、精神科の医者が世界の国々の中でいちばん多いので、そういう生まれ変わりのデータが最も多いようです。というのも、米国の精神科では治療の際に、退行催眠という手法を取りますが、催眠術を施《ほどこ》しながら患者の記憶を幼児期まで逆行させるということをしばしば行います。成人した現在の精神に、幼児期の、あるショッキングな体験がトラウマとなって非常に大きな影響を及ぼしていることが多々あるからです。本人は普段は忘れている意識の奥深くにしまい込まれたそれらの記憶を取り戻し、その取り戻した記憶に向かって話をし説得するのです。するとと眠りから醒《さ》めた後、現在の精神状態がノーマルに戻っている、治癒《ちゆ》しているという結果が多くあります。そういった催眠療法をしている時に、しばしば記憶が戻りすぎて、患者が前世の記憶にまで溯《さかのぼ》り、前世の事を喋《しゃべ》り出すことがよくあるそうです。

有名なブライディ・マーフィーという女性の前世の物語もその一例です。彼女のエピソードは、『晴れた日に永遠が見える』という題名で映画にもなりました。映画自体はまったく感心できませんでしたが、転生《てんしょう》というものをテーマにしたということだけは面白いと思いました。この映画のモデルになったブライディ・マーフィーさんは実在の人物ですが、何度生まれ変わっても白人であったそうです。しかし、白人が黒人に、東洋人に、またそれとは逆に黒人が白人に、東洋人が白人にと、いろいろと前世の因縁やカルマで生まれ変わることもあり得るのです。

たとえば、こういう話があります。

米国で、ある黒人が犯罪を犯しました。彼は白人を殺したのです。幼い頃から成人するまでずっと、ブルックリンの貧民街で育ち、仕事をするようになっても、彼は常に白人たちに目の仇《かたき》にされ、いじめられ続けてきたのです。人種差別の激しい米国では、常に白人は黒人を軽蔑し、いじめるものですが、彼の場合、特に異常なほどいじめられ方がひどかったのです。

彼は白人女性に見とれていたということだけで、その女性の夫とその仲間にリンチにされ、抵抗しているうちに、彼女の夫を刺し殺してしまいました。

彼も重傷を負い、警察病院に入院させられました。長い間意識不明でした。そしてしばらくの後、気がついて口を開くと、彼の言葉からニューヨークの下町訛《なま》りが消えていて、ひどい南部訛りになっていたのです。警察をはじめ周囲の人は驚きました。その中に精神科の医師がいました。この人が優秀な人で、何かピンとくるものがあったらしく、静かに問答《もんどう》を繰り返しました。

やがて全貌《ぜんぼう》が明らかになりました。その黒人は前世の記憶を取り戻していたのです。彼は今世でこそ黒人ですが、前世では白人だったのです。しかも、米国南部をはじめとして、ヨーロッパにまでも奴隷《どれい》を売りさばいていた奴隷商人だったのです。アフリカから彼が騙《だま》してさらってきた黒人たちを、さんざん虐待《ぎゃくたい》したあげく売りとばしていたのです。それで今世では黒人に生まれ、今度は自分が虐待され軽蔑《けいべつ》されることになったのです。そしておまけに、今回殺した白人女性の夫は、前世で白人だった頃の自分の子供の生まれ変わりだったのです。

これは我が国の歌舞伎の中に出てくる因果話ととてもよく似ています。〝因果はめぐる小車《おぐるま》や〟と、日本の昔の唄にもありますが、ヨーロッパの中世紀の頃に流行《はや》った唄をまとめてカンタータを作り上げたカール・オルフの『カルミナ・プラーナ』の中にも同じような意味の詩があります。「Fortune rota volvitur ……運命の車は回る……」という詩があるのです。洋の東西を問わず昔から、そういった思想はあったようです。

しかし、それは単なる思想だけでなく、事実であるということなのです。なぜならば、そのように外国の数限りなくある例を聞くまでもなく、私もまた、身近にそのようなことが数多く起きた体験があるからなのです。

解決すべきカルマ

先ほど申し上げました解決すべきカルマといいますと思い出すことがあります。ある日、中年をちょっと過ぎた、上品な奥様と知り合いになりました。いろいろなお話の中で、その奥様が現在ご主人と折り合いがあまりよくなくて、何とかしてご主人と楽しく暮らせるための心を養《やしな》おうと苦労なさっていることがわかりました。

奥様の心の葛藤《かっとう》はたいへん厳しいものでした。奥様は何不自由のない娘時代を過ごし、結婚後もまた四海波静《しかいなみしず》かという日々を送り、ご主人の留守の時はお手伝いさんと二人、茶道、華道、料理、買い物、観劇の毎日を過ごしていました。子供もなくまったく気楽なものでした。世間知らずで、おっとりと育てられたためにに人を疑うことも知らず、苦しみも悲しみも知らず、それはのんびりとしたものでした。

ところがある日、奥様のもとに大変なニュースが入りました。世の中にはよけいなおせっかいをやいたり、人を不幸にして喜ぶ傾向の人が結構いるもので、奥様に一大事を告げに来たのもそういう類《たぐい》の人でした。

「ご主人が愛人をつくって、今その人の家にいます」と言うのです。仰天《ぎょうてん》した奥様は地に足がつかない思いで走り、その家の座敷へ駆け上がって見ると、蒲団《ふとん》の中にご主人と見知らぬ女が寝ていました。女は奥様に向って罵詈《ばり》雑言《ぞうごん》を浴《あび》せかけました。奥様は何が何だかわからぬ暴れ方をしたあと、裸足《はだし》のまま飛び出し、死のうと思って、多摩川の上流に沿ってふらふら歩いていたのです。

いよいよ死のうと思って川面《かわも》をのぞいた時、「奥さん……奥さん」と袂《たもと》をつかむ人がいたのです。それは人なつっこい童顔の老女でした。その老女は奥様を引き止め、自殺を諦《あきら》めさせ、家まで送ってくれました。

奥様の兄弟をはじめ、親類縁者が集まって協議した結果、養子にきたご主人が家を追い出されることになりました。ご主人は愛人のもとへ去りました。奥様はお手伝いさんと二人きりになりました。奥様のその後の毎日は鬱々《うつうつ》としたものでした。

ある日件《くだん》の老女が訪ねて来てくれました。そして奥様の陰々《いんいん》滅々《めつめつ》たる日常生活のことを聞いて、それではならじと、その老女がお参りしているという、あるお寺へ奥様を連れて行きました。奥様も老女に細々と手ほどきを受け、幾年かを過ぎた頃、そのお寺にある行堂へ籠《こ》もりました。

その何日目かの時、奥様が拝んでいると、いきなり身体が震えだし前世の因縁《いんねん》が出たのです。お坊さんが聞き役（精神科医の役目）をしてくれました。

それによりますと、奥様の前世は男性で大名だったのです。禄高《ろくだか》の低い小さな大名だったけれども、一応大名は大名でした。その大名には政略結婚で結ばれた奥様がいました。その奥方は大名の主筋に当たる方の娘でした。それが別れたご主人の前世だったのです。ご主人は前世は女性だったのです。それが今世では、男女があべこべになって生まれ変わってきたのです。それにはちゃんとした理由があったのです。大名は主筋の姫君であるということが煙《けむ》たくて、義理で初夜を過ごした後は、三年の間奥方の許《もと》へは足を運ばず、側室たちの所へばかり通っていたのです。側室たちは奥方を嘲笑《あざわら》いました。奥方は大名を怨《うら》みました。そしてある夜、城内の井戸へ身を投げて死んだのです。これが事件のあらましです。そしてその事件が〈因縁・カルマ〉ということになったのです。

そしてその奥方の怨念《おんねん》が未解決のままであったので、今世にその問題解決が持ち越されたのです。その因果を今世で解決しなければ、また、来世に持ち越すことになるのです。

事情を聞き取ったお坊さんが奥様に言いました。

「貴女《あなた》のご主人は、近いうちに必ずその女の人と別れます。ご主人は事業に失敗するでしょう。そうして落ちぶれてしまうので、金の切れ目が縁の切れ目ということになって、ご主人はその女の人から追い出されるでしょう。すべてを失ったご主人は、貴女の許《もと》へ詫《わ》びを入れに帰ってくるでしょう。これは因縁ですからそうなっているのです。なぜなら、その因縁を解決するのが目的で、貴女は生まれてきたんですから。そのためには必ずご主人は帰ってくることになっています。ただし、それを貴女がじっと我慢して、受け入れられるかどうかが問題です。これは精神的にとても大変な修行です。しかしそれができなければいけないのです。今まで貴女が味わってきた屈辱感《くつじょくかん》、口惜《くちお》しさ、悲しさ、妬《ねた》ましさは、そっくりそのままご主人が前世で味わった思いなのです。その思いを大名であった貴女に思い知らせるために今度の事件が起こったのです。昔から言われている、『思い知らさでおくべきか（今に思い知らせてやる）』というのはこのことなのです。どうです？　貴女の今の辛《つら》さで、相手にどんな辛い思いをさせたかがよくわかったでしょう。さあどうなさいますか、ご主人を黙って迎えてあげられますか？それが貴女の今世での一番大事であり、また大変な修行科目なのです」と言われたのです。

奥様は複雑な思いを抱いて帰宅しました。すると恐ろしいことに、本当にその後一週間を経《へ》た頃、ご主人が尾羽《おはう》打ち枯《か》らして窶《やつ》れ果てた姿で帰ってきました。お坊さんが言った通りになったのです。奥様は、はらわたが煮えくり返る思いをじっと抑えて、ここが我慢のしどころだとご主人を家へ入れました。

ご主人は手をついて謝りました。それを見た奥様は、『おや、この人は本当は謝らなくても済む人だったのではないか、前世でこの人はさんざん私のために苦しめられたのだから。それなのにこの人は何も知らずに、涙を流して今私に頭を下げ両手をついている。可哀《かわい》そうに、前世で辛い思いをしたあげく、この世でもまた辛い思いをしてるなんて』と思ったのです。

そうしたらば、何か胸の中でグラグラ煮えていたものがすーっと冷えてきて、何か憐《あわ》れみのような気の毒のような気持ちに変わってきたのです。

「貴方《あなた》、手を上げてください」

奥様はそう言うと続けて、

「お風呂がちょうど沸《わ》いていますからどうぞ」と重ねました。

ご主人は何がどうなったのか訳がわからない顔でいたそうです。

さあ、その日から奥様の地獄がまた始まったのです。ご主人は今度は自分で事業をせず、よその会社へ勤め人として働き始めました。時間になれば真っすぐ帰宅し、模範的な夫でした。しかし奥様はまだ本当のところでは、ご主人に対しての憎悪と、あの時の口惜しさが連綿《れんめん》と尾を曳《ひ》いているのです。そうすると、「南《な》無妙法蓮華経《むみょうほうれんげきょう》」と一生懸命お題目《だいもく》を唱《とな》えながら胸を撫《な》でるのです。するとまた、冷静さと優しさを取り戻すのです。『あっ、前世で三年間という長い間、こういう思いをこの人にさせていたのだ』と思い直すと気がおさまってくるのです。

私があるパーティーでその方と知り合いになったのは、ちょうどその頃でした。兄弟をはじめ親戚たちも皆、「あんたはだらしがない。あんな思いをさせた男をまた家の中に引きずり込んで、あんたがそんな男好きだとは知らなかった。あの男を追い出さないうちは、私らはあんたとは縁を切るからねっ！」と絶交を言ってきたのです。

事情をいくら説明しても、無信心な人たちにはそれが奥様のただの詭弁《きべん》で、言い訳にしかとれないのです。奥様はしばらく悩んだ末、前世の解決の道が大事と思い、ご主人のほうを採《と》ったのです。

それから十五、六年経った今では、ご主人も奥様もすっかり仲の良い、本当に側《はた》から見ていても気持ちのいいほどの老夫婦になっていらっしゃいます。

前世の因縁は見事今世で解決したのです。

以上のように、このご夫婦の場合は罪障消滅《ざいしょうしょうめつ》、めでたく因縁を解決できたのですが、この他にもこのような話は山ほどあります。そして他の方々の中にもめでたく解決なさった方もいらっしゃれば、それができなくて落伍《らくご》してしまった方もいらっしゃいます。その他、せっかく前世の因縁を解決できたのに、またまた、今世で別の因縁を作ってしまう呆《あき》れた人たちも結構大勢いらっしゃいます。凡夫《ぼんぷ》の浅ましさにはほとほと嘆かわしくなる時があります。ある人は金銭面で、ある人は色情面でと、あちらこちらと罪障を作って歩いている人がこの世にはいっぱいいるのです。

弱いものに向かう霊

その怨念、その憎悪、その呪いは、何も今世と来世というふうにただ二世限りということはありません。その怨念のエネルギーのパワーによっては、先祖まで溯《さかのぼ》って上七代、また、子孫まで伝わって下七代の長い間祟《たた》り続けることも稀《まれ》ではありません。「魂魄《こんぱく》この世に溜《とど》まりて……」と、亡霊たち〈マイナスの素子群〉が、じっと復讐の時を待っているのです。

死霊《しりよう》や生霊《いきりよう》はすぐにその怨みや呪いを果たすのだとは限りません。その怨みの相手が一番弱い時期を狙《ねら》うのです。相手のパワーが強すぎていたり、強欲すぎて少々のことではこたえない場合には、本人がやられるよりももっとこたえるところへ行くのです。それは目の中へ入れても痛くないほど可愛い者たちへ行きます。子供や孫やその他の家族、あるいは愛人などです。これは自分がやられるよりも辛《つら》い場合があるのです。霊はそれをよく知っているのです。

昔、私が知っていたヤクザ屋さんが、若い頃出入りの喧嘩《けんか》で人を殺しました。殺されたほうの若者は親一人子一人でした。その殺された若者の母親は、件《くだん》のヤクザを怨《うら》み呪いました。そしてやがて気が変になって病死しました。がしかし、長い間、怨みによる祟《たた》りだと思われることは何一つ起こりませんでした。何度も命を狙われることがあっても、その度にいつも巧《うま》い具合に素早く逃げられたのです。大幹部に出世して飛ぶ鳥を落とす勢いになりました。彼の子供も無事成人しました。娘二人と息子が一人でした。彼は顔に似ず子煩悩《こぼんのう》で、子供たちを溺愛《できあい》していました。

上の娘が婚約しました。さてその日から娘の身体中に、顔から首筋から足の先まで茶色いアザができ始めました。婚約者はニューヨークへ行ったまま帰ってこなくなりました。娘は外出もできなくなりました。

下の娘は父親の威光《いこう》を笠に着た、どうしようもない不良娘になり果てました。ただでさえ頭が悪かったのに、麻薬中毒にまでなってしまいました。やがて年頃だというのに肌はカサカサ、眼の下は黒い隈《くま》ができ、何回かの中絶で身体はボロボロ、前の方の髪の毛がバッサリと抜けました。

親は娘を病院へ送り込みました。そして帰ってきたその玄関先で、一人息子が筋ジストロフィーの疑いで入院したというニュースを聞かされたのです。

彼は思い当たるふしがあったのです。息子は生まれた時から足がちょっとおかしかったのです。何度医者に見てもらっても何ともないといわれていたのです。それが何と、よりによってこんな時に一度に表へ現れてきたのです。今までは何ともないといわれていたのに、診断の結果、今度は間違いなく筋ジストロフィーだと医者に言われたのです。彼は悩んだり頭にきたりで酒びたりになりました。兄弟分や子分たちは「あいつは頭がおかしいから……」と、皆いい加減にあしらうようになりました。

そんなある日、新宿駅の東口の道端《みちばた》で、あるお婆《ばあ》さんに引き留められました。そのお婆さんは彼に初対面で顔を合わすなり、「あんた祟《たた》られとるね。足の悪いお婆さんと、アゴから頬《ほ》っぺたにかけて傷のある若い五分刈りの男だよ」と言い放ちました。彼は「何をたわ言を！」と怒鳴《どな》りつけて帰り、むしゃくしゃした腹のまま奥さんにそのことを告げました。彼は子供たちが生まれる前の敗戦直後のことなんかすっかり忘れていたのです。しかし奥さんはそれを覚えていたのです。そして、それはきっと、彼が殺した男とその母親だ、と言いました。だが彼は一笑《いっしょう》に付《ふ》してしまったのです。

ややあって息子が退院してきました。すっかり歩けなくなってしまった息子は車椅子でした。彼はそんな息子が愛《いと》おしく哀れでなりませんでした。そうしたある日、突然息子がこの家を出て行くと言い出したのです。両親はびっくりしてその理由を聞きますと、何と、この家に幽霊が出るというのです。両親が何をそんなバカな、この科学の時代にとたしなめたり、なだめたりしても無駄なのです。

「じゃ、いったいどんな幽霊だ」と聞くと、

「毎晩男の声で『助けてくれ、助けてくれ、殺さないでくれ、命だけは助けてくれ』って泣き声がして、しばらくすると白髪のお婆さんが髪を逆立てて俺の上にのっかって『来るんだ』と言うんだ」

聞き終わったとたん、両親は顔を見合わせ真っ青になりました。あのことは何も知らないはずの子供がそれを言うのですから。

それ以来、母親は息子と二人、別のアパートに移りました。彼のほうは全身アザだらけの娘と二人っきりになりました。そしてその後の彼は酒乱のようになったために、組の連中も嫌がってあまり寄りつかなくなりました。

彼は娘と二人蒸発してしまいました。奥さんが、もしかして彼から私に何か連絡がなかったかどうかと尋《たず》ねに来ました。その時、そのいきさつを私は聞いたのです。

その後どうなったかは私に何の連絡もなく、また、こちらから連絡のしようもありませんので皆目《かいもく》わかりません。がしかし、奥さんに供養《くよう》の仕方を念入りに教えて差し上げたので、きっとなさったのだろうとは思っています。

でもとにかく、普通の人たちが聞くと恐ろしい話には違いありません。

ともあれ以上のことで、転生のしくみと必要性や、今世で因縁を作ってはいけないこと等がいくらかでもおわかりいただけたかと思います。もし転生の数多い例や、それにまつわる話がもっとお知りになりたければ、米国のエドガー・ケーシーという超能力者のことを書いた本やその他の本が何冊か出ていますので、それをお読みください。

何のために生まれ変わるのか

人が生まれ変わることを転生輪廻《てんせいりんね》といいますが、それは何の理由もなくそれが行われるのではありません。人間の霊魂が未発見の素子だということを申し上げましたが、その素子は一種のエネルギー体です。ダイヤでもガソリンでも、中には不純物の多い質のあまりよくないものがあるように、我々が魂《たましい》と呼んでいるエネルギー体にもそれがあります。

その質のよくないエネルギー体を、非常に純度の高い美しい純粋エネルギーにするため、精製練磨《せいせいれんま》する作業を精神修養とか心の修養とかいうのです。それはたいへんに時間と手間のかかる一大難事業です。

あの純粋エネルギー体そのもののようなお釈迦さまでさえ、一朝一夕《いっちょういっせき》であれほどの純粋エネルギー体になれたわけではなく、ああなるまでには無量百千万億載阿僧祇《むりょうひゃくせんまんおくさいあそうぎ》という実に天文学的数字にのぼる長い時間かかっているのです。このことは法華経如来寿量品《ほけきょうにょらいじゅりょうほん》第十六というお経に書かれています。それは百億年や千万億年の何千億倍かわからないほど長いあいだかかっているということです。

ダイヤモンドでさえ原石をカットし磨きをかけ、まばゆいほど光り輝かせるまでには、たいへんな日数と時間がかかるものです。まして人の心をそれと同じように光り輝く純粋エネルギーに仕上げるためには、気の遠くなるほど長い時間が必要なのです。そしてその心を一級品に仕上げるための作業工場はあの世にあり、幽界とか霊界とか、菩薩界《ぼさつかい》といろいろな段階に分かれています。

それはちょうど、学校にも種々なクラスがあるのと同じです。そのクラスの中の一つが地球（この世）なのです。

地球（この世）は人間でいえば、ちょうど幼稚園から小学校くらいのレベルです。エネルギー体（魂《たましい》）がどれほどの純度になっているかは、試験（試練）によって試されます。

その試験は、国語、数学、体育等と学校の試験が科目別に分かれているように、エネルギー体（魂）の試験もまた、各科目別に分かれています。文科（愛情問題）理数科（金銭問題）その他いろいろです。

その試験（試練）に耐えられなくて、中途退学するのを自殺というのです。無事卒業した人は自然死といいます。

そして卒業した人は、中学校（あの世）で今度は勉強（修行）します。

小学校（この世）時代に遊んでばかりいたり、悪いことばかりして成績が悪かった（徳をつまなかった）人は、たとえかろうじて小学校（この世）は卒業できても、中学校（霊界）には入学できません。試験を受ける資格がないのです。また、受けたとしても落とされます。そこでやむなく浪人（幽霊）になります。

幽界は小学校（この世）と中学校（霊界）の中間にあるのです。しかし、出来が悪かったからといって皆が皆、浪人（幽霊）になるわけではありません。成績が悪かった多くの人たちは、もう一度、小学校（この世）に一年生から入学し直す（生まれ変わる）のです。それを何百回も何千回も、資格ができるまで繰り返させられるのです。

そして、今度はやっと資格を得て中学校（霊界）に入っても、今度はもっと難しい勉強（修行）が待っているのです。それは当り前です。小学校から中学、高校、大学、大学院と上級へ進むにつれてそれにふさわしく勉強（修行）も試験（試練）も難しくなっていくのと同じです。たとえやっと高校（菩薩界）まで行っても、落第させられてまた始めからやり直しをさせられる場合もあるのです。

このエネルギー体（魂）の学校へ通うのは、全員が自分で学びながらお金（徳）を稼《かせ》ぐ苦学生なのです。両親をはじめとする保護者（先祖霊や守護霊）の助けや先生方（指導霊や守護神）の助けもありますが、結局勉強を努力して身につけるのは自分自身なのです。その苦学生が働いて貯《た》めたお金（徳）は、銀行（この世に支店がありあの世に本店がある）に預金し積んで置くのです。その預金（徳）は、自分でも使えますし、また、使い切れなかった分の預金（徳）は、後から入る自分の身内（子孫）のために積んで残して置いてあげることができるのです。これを先祖の徳を受けるといいます。

しかし、中には先の人たちが残した預金（徳）を順々と使い果たして、むしろ銀行の預金通帳（閻魔帳《えんまちょう》）が赤字になって、借りてるほうが多いという人も大勢います。そんな人たちは、せっせとお金を稼いで（徳を積んで）、また銀行に返済しなければならない義務があるのです。

お金を稼ぐため働くということは、人々のために尽《つ》くして善い行いをするということです。つまりそれを徳といいます。それは我々日常生活の中でいつでもできることなのです。

小学校（この世）にまた始めから入り直す人たちは、落第生ばかりというわけではありません。中には、本当に稀《まれ》なことですが、そこの卒業生で今は大学（菩薩界の上級クラス）に行っている学生さんが、母校（この世）に先生となって働いている場合もあります。それを〈変化《へんげ》の人〉（つまり変化の人をつかわしめこれがために衛護となさん）といいます。

これでもう生まれ変わりの仕掛けがおわかり頂けたと思います。

生まれ変わった回数が多ければ多い人ほど、よく他人の気持ちがわかる慈悲深《じひぶか》い心を持っています。慈悲の心というのは、思いやりということです。

なぜ、転生の回数が多ければ多いほど、他人の気持ちがよくわかるのかといいますと、自分も前世でその人とそっくり同じような容姿性格で、同じような人生を歩いたことがあるからです。自分も同じ苦しみ、同じ体験をしているから、相手のことも我がことのようによく解《わか》るのです。そこで「ああ、あの時の自分は辛《つら》かった、苦しかった。だからこの人もあの時の自分の気持ちと同じで、どんなにか辛く苦しいことだろう」と、実感として他人のことがよく理解できるのです。

女性として生まれて、女の悲喜《ひき》こもごもの心のひだを五感に沁《し》みて体験させられることもあるのです。女性として生まれ変わるのは一度や二度ではありません。美しい女の人生コースから醜《みにく》い女の人生コース、それも何百何千という人生のパターンを生まれ変わり死に変わりして、味わい、体験しなければならないのです。

しかも女性ばかりではなく、男性としても何千何万と顔がそれぞれ違うように、人生もまた違いますので、一応それら全部のパターンも体験させられるのです。そしてそれらは、ただ単にのんべんだらりと体験するだけでなく、その時その時の心の持ち方、切り抜け方など、いろいろと試行錯誤を繰り返して、哲学した心を上手に整理して、魂《たましい》の宝庫に貯蔵しておかなければならないのです。それができていなければ、またもう一度同じパターンの人生コースを生まれ直してこなければならないのです。

ですから、世間でよくいう優しい情深い人というのは、転生の回数が多い人というわけです。また、それと反対に、人の気持ちなど思いやる心もない冷たい人というのは、浪人時代ばかり長く、転生の回数が少なかった人ということになります。

釈迦やキリスト、日蓮上人《にちれんしょうにん》、親鸞上人《しんらんしょうにん》、弘法大師《こうぼうだいし》、その他多くの聖者たちは、きっと大変な回数の転生を繰り返した人間の先輩たちなのでしょう。

さて、貴方《あなた》ご自身は、自分で何回くらい生まれ変わったとお思いになりますか?

霊のチャンネル

世の中には幽霊を見たという人が時々います。それは非常に限られた人たちなので、それを見ることのできない、また一度もそういう経験のない人たちは絶対信じようとはしません。見たことのない人たちのほうが人数は多いからです。しかし、人数が多いほうが常に正しいとは限りません。釈迦もキリストもソクラテスもプラトンも、他の偉人たちも、おのおの皆一人ずつしかいなかった少数派なのですから。

しかし、いつの時代でも、少数派であるところの偉人たちは多数派の人間たちに迫害《はくがい》を受けました。多くの天才たちのほとんどがそうでした。〝衆愚《しゅうぐ》は一賢《いっけん》にしかず〟です。そして迫害した大衆たちは、ずっとずっと時間が経った後になって、やっと自分たちが迫害した人が実はたいへんに偉大な人であったのだと気がつくのです。

偉大な天才たちは、いつも時代を先取りし過ぎているのです。そのために悲劇が起きるのです。

たとえば、みなさんご存じのジャンヌ・ダルク。

「フランスを救え」という神の声を聞き、イギリスにまさに負けんとしていたフランス軍を鼓舞し、先頭に立ち、トリコロールの旗の下《もと》に戦い、祖国を勝利に導いた一人の少女。彼女は真実の偉大さを恐れた、愚《おろ》かな神父たちや多数派の大衆のために、火あぶりにされ殺されてしまいました。なんと哀れな神の乙女。彼女の死後何百年も経った二〇世紀の初頭に、やっと聖女だったと見直され、あがめられるようになったのです。

彼女は神を見たのです。話も多分したのでしょう。しかし他の人々は一度も神を見たり聞いたりしたことがなかったのです。

これはいったいどういうことなのでしょうか？

答えは簡単です。神様の出した周波数とジャンヌ・ダルクが持っていた素子《そし》の周波数が合致《がっち》したから神が見えたのです。

霊界とこの世の関係というのは、〈テレビ局とテレビ〉の関係であると考えていただければ簡単だと思います。つまりテレビにはいろいろチャンネルがあるわけで、それぞれの局に周波数が割り当てられております。その周波数のところへチャンネルを合わせてスイッチを入れると映像が映ります。だけれど、そのスイッチを切ると途端に映像が消えてしまいます。ではその映像はそこに届いていないのかといいますと、実際には画面には見えなくても電波というかたちで来ているのです。ですからスイッチを入れるか入れないかだけの話であって、もう一度スイッチを入れてチャンネルを合わせればその映像が映るわけです。ですからスイッチを切った途端に映像がなくなっても、それは本当になくなったのだということにはならないわけです。そういうふうにお考えいただけましたらおわかりになると思います。

つまり、それと同じように、常に私たちの周囲には様々《さまざま》な周波の異なる霊が、つまり素子が浮遊しているのです。原子や電子、陽子や中性子や電波が肉眼で見えないのと同じように、素子〈霊子〉もまた微細なため肉眼では見えません。ですから、テレビの受像機のスイッチをONにして、周波数をそのチャンネルに合わせると映像と音が聞こえるのと同じように、周波数の合う人だけが、浮遊している〈霊子〉が送っている映像や音を見たり聞いたりすることができるのです。その場合、その場に五人でも十人でも人がいたとしても、その素子が出している周波数と違うチャンネルの人たちにはそれが見えないのです。

テレビ局が周波を送っていても、こちらがチャンネルをそれに合わせなければ、映像も音も見聞きできないのと同じことなのです。こちらが6のチャンネルに合わせている時には、8の映像は映らないのと同じなのです。ですから、その場に何人の人がいても、幽霊を見たという人と見なかったという人が出てくるのです。これはただそれぞれの人の受像器の周波数の差によるものでしかないのです。

大勢の中で一人だけ幽霊を見たという方がいたり、霊感を感じた方がいらっしゃった場合、「それはおかしいではないか、人間がこれだけたくさんいるのに、その人だけに見えるというのは変だ」というふうにいわれるのは、霊のほうは1チャンネルの周波数を出しているのに、他の人間のほうは3にチャンネルを合わせていたからなのです。たまたま幽霊を見た人というのは、自分の周波数が1になっていたので、それが見えたということに過ぎないのです。

「幽霊なんていないし、だいたいそんな類《たぐい》のものはナイナイ」、といつも言っている人は、ただ、自分が受像機のスイッチを入れないか、または入れて見ようと思わないだけの話です。それかもしくは受像機がこわれているかです。尾骶骨《びていこつ》のように退化している場合もあります。

霊能者といわれる人たちも同じです。

テレビの例でいえば、1から12とUHF放送までの映像をとらえられるだけの周波数を数多く持っている霊能者はまず稀《まれ》です。たいていは一チャンネルしかない人か、せいぜいあっても二チャンネルくらいしか映らない人が多いようです。

そういうわけですから、普段私たちが動き廻っているそこかしこには、眼にこそ見えませんが、数多くの電波が目にも止まらぬ速さで飛び交っているのです。

それと同じように、無数の素子（霊）も飛び交い浮遊しているのです。

あの世とこの世というのは、境界線がないのです。肉体を持って生きている私たちは、〈生死〉の境界線があるつもりでいますが、霊の世界というのは四次元の世界ですから、時間と空間を超越して存在することが出来るのです。

プラスの霊、マイナスの霊

自殺した人の霊が自縛霊《じばくれい》になって、その死んだ場所から離れられなくて浮かばれない理由というのは、その場所を汚してしまったからなのです。

自殺者というのは、人生学校の中途退学者です。苦しいとか悲しいとか、まあ、その自殺をする人それぞれの想いがあります。その想いはほとんどがマイナス思考です。陽〈プラス〉ではありません。そのマイナス思考、つまり陰の素子を抱えた肉体という機械が、自らによって破壊される状態を〈自殺〉と言います。

その時、運悪く自殺したその場所に、その土地を基地としている先住者である別の素子がいた場合、その自殺者の素子（霊）は、土地の素子にバッチリ囚《とら》えられてしまいます。大体、土地にまつわる素子は、非常に強力なエネルギーを持っています。ちょうど磁気のようなものです。それを地魂神《じこんしん》（地金神）と呼んだり、土地の因縁霊とかいいます。それはちょうど、我が家で楽しくご飯を食べている時に、不意に飛行機が頭の上に落下してきたのと同じことなのです。家の人たちがカンカンに怒って、関係者が謝りに来るまで許さないのと同じです。

たとえ平謝りに謝ってもなかなか許してもらえない場合もあります。謝る側のほうは、きちんと損害賠償《そんがいばいしょう》をするなり、何なりと自分の方のするべきことはして、相手の怒りが冷めるようにしなければならないのです。そうされると相手の人たちも何とか許してくれ、また、時が経てば怒りも和《やわ》らいでくるでしょう。

それとまったく同じことが、自殺者と地魂神の場合にも当てはまるのです。いくら自殺者の霊に供養をしても、土地の霊が怒っている場合、その土地の霊が放つマイナスのエネルギーに邪魔されて供養が届かない時があります。そういう時には、その土地の素子が放つマイナスのエネルギーを一度消し去って、プラスエネルギーを放つような状態に変えられるほどの、強力な陽〈プラス〉のエネルギーを放つ素子〈霊子〉を持つ神主《かんぬし》さんなり、お坊さんなり、行者さんなりを連れて来なければなりません。それでなければ、自殺者の供養より先に土地の霊によくお詫びをして、それから後に自殺者の供養に入ることです。

ものにはちゃんと順序と礼儀作法があるのです。

そうすると、自殺者の霊は土地の磁気がプラスに変わるため、やっと解放されるのです。そうなるともう自縛霊ではなくなるのです。そしてその霊（素子）は、より純度の高いエネルギー体になれるように作動を開始するのです。ちょうど蜘《く》蛛《も》の巣から逃れた蝶《ちょう》のような状態です。それを世間では、「行く所に行って成仏した」というのです。それほどに自殺というのは大変なことなのです。

この世のいろんな事件や対人関係や、自分の劣等感などの悲しさ苦しさから逃れて、楽をしたいと思って自殺なんかすると、とんでもない恐ろしいことになるのです。そんな呑気《のんき》なものではないのです。

悲しいとか苦しいとか思う気持ちは陰であり、自分の素子がマイナス〈陰〉の状態になっているのです。そのままの状態で自殺すると、そのマイナスの想念「悲しい苦しい思い」が、死ぬと同時にそのままストップモーションになるのです。ですから、死ねば楽になるどころか、死んだら死んだ際の苦しい悲しい思いが未来永劫《みらいえいごう》続くのです。その気持ちは一分、一秒の休憩時間もなくずっと苦しく悲しいままです。

生きている時には、いくら苦しいとか悲しいとか毎日思っていても、ご飯を食べたり、テレビを見たりしている時くらいは、ほんのちょっとでも苦しみや悲しみの気持ちは忘れているものです。朝から晩まで一日中、一秒の休みもなく苦しみ悲しみ続けているということはまずありません。どんなにもの凄い苦しみでも、我々の日常生活の中では、忘れられる時間というのが少しでもあるものです。

しかし、自殺した場合は違うのです。先ほどから述べているように、それこそ一分一秒の暇なく未来永劫続くのです。〝死《し》んで花実《はなみ》が咲《さ》くものか〟というのは、まさにこのことなのかもしれません。

ですから皆さんの中で、自殺でもしようかと思う方がいらっしゃったなら、これは決しておすすめできるものではありません。自殺して楽になるものであれば、「ええ、ぜひどうぞなさって下さいまし。なんならお手伝い致しましょうか」とでも、何とでも言いますが、それがそうではないのですから、「おやめなさい」

とお引き留めするしかないのです。

霊を見るとは

霊能者が、〈霊を見る〉といいますが、それはどこで見るのかというと、皆さんも夢をご覧になりますね。その〈夢を見る〉ということと同じことです。「夢を見たことがない」という方はいらっしゃらないでしょう。眠っているときは目を閉じていますから、肉眼では何も見えません。夢は大脳で見ているのです。肉眼では見えないけれど、大脳のスクリーンに、はっきりと映るのです。ですから肉眼で見えないものは信じないという考え方は、成り立たないわけです。たとえ夢であってもはっきり映像として映っているわけです。

ですから、皆さんも夢を見ることができるということは、そういう霊的な能力を持っていらっしゃるということなのです。ただそれを信じることができるかできないかということが問題です。「夢だから信じない」という方がほとんどです。「変な夢を見たわ、正夢かしら」と思うぐらいで忘れてしまって、それ以上問題にしない。そういうふうに、自分に霊能力があることを信じないわけです。

霊能者によって見え方は様々の方法で異なりますが、多くの霊能者といわれる人たちは、目を半眼にするか閉じるかすると、大脳のスクリーンの映像を読むことができるのです。そしてそこに映った映像で判断をする。それが非常に顕著《けんちょ》にわかる人を霊能者というのです。

だいたい仏像をご覧になるとおわかりかと思いますが、目をカッと開いているのはお不動様《ふどうさま》とか仁王様《におうさま》だけです。他の仏様というのは、ほとんど半眼で、目を半分だけ開いています。半分の目はこの世を見て、半分は霊界を見ているのです。

霊の声が聞こえるということもありますが、その声も耳で聴くのではありません。夢の中で音を聴いてるのと同じように、大脳の中で声がするわけです。その見え方というのは先程もふれましたように霊能者によって異なるのです。実際に肉眼で見えるような見え方をする人もいれば、イリュージョン〈まぼろし〉として見える人もあるし、見え方がいろいろです。私の場合は、皆さんが〈思い出す能力〉をお持ちなように、それと同じような見え方がするのです。

たとえば、あなたは今この本を読んでいるわけです。肉眼では本を見つめている。でも、「小学校のときの音楽の時間を思い出しましょう」というと、思い出せるはずです。教室の中の夕日の当たっている場所、窓ガラスの色。それらの映像が浮かんでくるはずです。肉眼ではなく脳のスクリーンにはっきりと映るはずです。でも目では本を見つめている。それはどこで見ているのでしょう。「うさぎ追《お》いし　かの山《やま》　小鮒《こぶな》釣りし　かの川《かわ》」と歌う声、甲高《かんだか》い子供たちの声、懐かしいあの声が聞こえてくるでしょう。学校の好きだった先生、嫌いだった先生の声を思い出してごらんなさい。ちゃんと聞こえるでしょう。あの胴間声《どうまごえ》や、割《わ》れ鐘《がね》を打ったような声が。それはどこで聴いているのでしょう。

私はそれを〈タイムスリップする〉と言っているのです。「時間と空間を超える〈四次元〉というのはそれなんだよ」と。

人間はその能力を分析して考えてこなかったのです。何となくボワーッと丼《どんぶり》勘定《かんじょう》で思ってるだけで、実は人間にはそういう能力があるのだということを、科学者も研究しようとも思わない。誰も言わない。気が付きもしないのです。

四次元の世界というのは、つまり時間と空間がないわけです。時空を超えるということです。「私にはそんな能力はないわ」とか「なぜ見えるの？」とか言う人たち。科学者たちも「そんなものはあり得ない」とか「見えるわけがない」と言う。では、あなたに思い出はないのですか？　思い出すことはできないのでしょうか？　その能力がないのであれば、そっちのほうがよっぽどおかしい。それは人間ではないではありませんか。

そういうものは、誰しもが持っています。肉体はここにあるけれども、瞬時にして、時間を超えて、思い出すということ。霊の世界というのはそういうものなのです。時間と空間がないのです。こう申し上げればご理解いただけると思います。

守護霊

毎日毎日の生活、〈生活〉ということは生きることを活《い》かすということです。ただ、会社に勤めたり、朝起きて御飯を食べて便所に行き、仕事をして、セックスをして、これはただ生きているだけです。生活してるとはいい難《がた》いと思います。それは豚だって、犬だってできるわけです。

しかし、生きているだけではなく、生活する、生きることを活《い》かしていくことは、これは人間だけしかできない。つまり、毎日のすべての心の持ち方を反省し、三十分に一回ぐらいは自分の心を確認して哲学し、そして、心を高めてゆく。これが、生活することだというふうに思っております。

それに手を貸して下さって、いろいろと協力して下さるのが、〈守護霊〉なのです。しかし、守護霊を呼び出せば、自分の気持ちを直さなくても、なんでもかんでも全部まとめてやって下さると思ったら、大間違いです。守ってくれるはずの守護霊も、その人がいい加減な心がけだと、サッと動きを止めます。決して助けてくれなくなります。そして、自分がほんとにいい子になると、また、ふっと守護霊が「わかったか」ということで、手助けをしてくれるようになるのです。

真の信仰

信仰とは、読んで字の如く、信じ仰《あお》ぐということです。それは、神や仏を信じ尊《たっと》び仰《あお》ぐだけでなく、自分自身をも信じ仰ぐ事の出来る価値ある人間にするということなのです。といっても、傲慢《ごうまん》になって、鼻高々とうぬぼれろということではなく、自分自身をもう一人の自分が冷静に客観的に謙虚に評価して、自分を心から尊敬できるほどに、信じられるほどに高めていくということなのです。その作業を信仰というのです。

その信仰という作業をするのは、別段、お寺や、神社や、仏壇の前だけではありません。家庭でも、学校でも、職場でも、遊び場でも、たとえどんな所でも、自分の身体の赴《おもむ》く所がみんな作業場、つまり信仰のための修行場なのです。これはあらゆる宗派について言える事です。

私は信仰五十年のベテランだからとか、やれ宗祖を祀《まつ》るお山に毎年登って、何十年もお参りしているとか自慢する人がいますが、そういう人は落第です。何もえらいところはありません。ただ山登りをしているだけなのですから。カラオケで唄を唄っていたのと同じです。そういう人に限って、お仏壇の前でお経を唱えている時は好い人だけど、お経が終わって振り向いたとたん、口やかましい意地悪で我の強いただの頑固爺《がんこじい》さんや、頑固婆《がんこばあ》さんに戻るのです。

それでは何のための信仰だかわからなくなります。「信仰している」という言い草を、ただ「自分は偉いだろう」と、他人に認めさせようとする道具に使っているとしか思えません。これでは単にさもしいだけに過ぎません。よく、巷《ちまた》で見かける町の信仰家にもこういう人はたくさんいます。こういう人は、たいてい人を見下した態度をしています。これは信仰のニセ者です。

また、在家《ざいけ》の信仰家だけではなく、よくあるいろいろな教団の教祖とか、管長とか法皇とか、幹部とかいう人々にもこういうニセモノがたまにいたりします。偉そうぶって権威づけをしようとして、他人を見下した尊大な態度や口の利《き》き方をしますが、それだけで、もうその人は、その人の信仰の未熟さをさらけ出しているようなものです。

ですから、挨拶《あいさつ》の仕方一つでその人の人となりはわかってしまいます。本物の信仰家は少しも偉そうにしたりするところがありません。たとえ相手がどんなに貧しい人であろうと、頭の悪い人であろうと、立派な人であろうと、いつも誰にでも同じように明るく、にっこりと優しく丁寧で礼儀正しい接し方をします。決して人をみくびるような態度を見せません。謙虚《けんきょ》さを失いません。これが〈本物〉です。

もし、あなたが、今から新しく何らかの宗教団体に入ろうとしていらっしゃるのでしたら、以上に述べたようなことで、ニセモノの教祖や幹部たちのいるような教団でしたら、これは絶対に気をつけたほうがよろしいと思います。金ばかり取られる企業体で、身も心もめちゃくちゃにされるのがオチですから。

さて信仰とは、自分の魂《たましい》をいかに純粋な麗《うるわ》しいものにしていくかという心の修行をいうのですが、そのための道場は家庭や、学校や、職場や遊び場だと申し上げました。自分以外の人間とのかかわり合いから生ずる感情のいろいろや、事件の一つ一つに対応するその時々の対処の仕方が、つまり心の動き方、考え方が修行になるのです。嫉妬、そねみ、憎しみ、恨み、悲しみ、嘆き、呪い、喜び、満足、祝福、その他様々な感情が起こります。

それは、親子、兄弟、夫婦、他人等々と接することによって生じる感情の色模様です。そのような感情、情念を理性でコントロールできるようにするのが信仰の力です。今の自分の心は何なのか？　なぜ妬《ねた》むのか、なぜ羨《うらや》むのか、なぜ悲しいのか、なぜ愚痴《グチ》をいうのか、なぜ悪口を言いたいのか。それらの感情の一つ一つをより深く掘り下げ、突き進んで考え、その問題に対する答えをはっきり浮き彫りにして見つけ出すことが修行であります。

そして、その問題に対して見つけた、より良い答え、ということは、いかなる苦しい、または悲しい嫌な出来事に対しても、それがまったく何でもないことであるかのように考えられる〈心の在《あ》り方〉です。それはまるで仏のように平穏で明るく安らかな気持ちでいられるように切り替える考え方を努力して見つけることを〈悟《さと》り〉というのです。

その気持ちの切り替え方、つまり発想の転換をよりしやすいように手助けする方法をいろいろと親切に並べ立ててあるのが〈宗教〉というものです。こういう山の登り方もあります。こんな山の登り方もございますと、世の人々が険《けわ》しい人生の山道をいかに易《やさ》しく登ることができるかを、それぞれ違う角度から各宗派が教えてくれています。ですが、登山口や登る道筋や方法はおのおの違っても頂上は一つです。同じです。また、同じでなくてはならないのです。なぜなら真理は一つなのですから。

よく、「あそこの宗教は駄目だからうちの宗教にお入りなさい」という人の言葉を聞きます。まるで「あっちの水は辛《から》いぞ」「こっちの水は甘いぞ」といって蛍《ほたる》を呼ぶのと同じで、人間を蛍と同じように考えている人たちがいますが、これはもう信仰なぞはそっちのけ、商売の呼び込みと同じことです。宗教という名を借りた営利団体です。企業です。

しかしまあ、人間というものは浅ましいもので、何か目に見える利益につながることでなければまず動こうとしないのですから、ご利益《りやく》で人を釣るのも無理のない話かもしれません。そこのところはお釈迦様もよくご存じで、法華経の方便《ほうべん》品《ほん》第二番というお経の中にそれを説かれています。まず人々の心を救うには、物品のご利益《りやく》を授けておいて、それから次第に本筋の心を美しくしてゆくという真のご利益を得させるようにすることだ、ということです。

ところが、その本筋の方はさっぱりで、物品のご利益ばかりにとらわれているインチキ信仰も数多いのでご注意下さい。あくまでも本当のご利益というのは、ちっとやそっとのことでは微動《びどう》だにしない、揺《ゆ》るがぬ美しい心を保ち続けるということなのです。神社、仏閣、教会が立派だからそこの信仰は立派だということではありません。神社、仏閣は木材やコンクリートで出来た、ただの建造物に過ぎません。

キリストが教会をもっていたでしょうか？　お釈迦様が大仏閣を持っていたでしょうか？　聖者や偉人たちは建造物や土地や山の形や面積にこだわったりしてはいませんでした。信仰とは、建造物や土地や山の形を拝みに行くことではないのです。物質ではないのです。神や仏の素晴らしい澄み切った美しい明るい優しい心を敬《うやま》い仰《あお》ぎ賛《たた》え、自分もまた、それを参考にして、それに近づこうとするためにお参りするのが真の参拝の意味なのです。

聖者たちは荒野や辻々《つじつじ》を駆けめぐって、人々に心の在《あ》り方、毎日の生活の中でおきた問題への考え方を親切に指導してゆきました。

教会や仏閣の奥で尊大ぶってどっかと座り込む法皇、管長、教祖たちや、安っぽくなるというので、権威づけのために人々が気安く会うこともできないように、周りを十重二十重《とえはたえ》に取り囲んで権力争いをするような愚者たちの多くいる宗教なぞでは決して哀れな人々を救うことはできないのです。それはただの商売人たちの集まりに過ぎませんから。

本当の信仰とか宗教とは、あらゆる宗派を超えて、人間が皆、和になって手をつなぐ事なのです。他の人や宗教団体とは、和《なご》やかに、そして自分自身とは闘う事、つまり己《おのれ》とは闘い、他人とは平和にということです。他の人と争うという心、この心自体がもうすでに、神や仏や聖者たちの教えに背《そむ》いているのです。信仰とは、〈和〉以外の何ものでもありません。

〝仲良き事は美しきかな〟です。

哲学者ばかりが哲学をするわけではなく、どんな職業のどんな年齢の方であっても、人生の毎日の中で常に哲学をやっているのです。子を持つ母親が、子供のことにいろいろ思いをめぐらせていることも哲学の一つでありますし、そういう意味でどんな方でも毎日の日常生活で哲学しているわけです。人間は、もう一人の自分を持っています。神性《しんせい》とか仏性《ぶっしょう》とか呼ばれているものがそれです。人生の最終の目的は、そういうもう一人の自分、つまり神さまの前に立った時に、堂々と顔を上げていられるだけの自分自身になることだと思うのです。

ですから、〈即是道場《そくぜどうじょう》〉ということで、自分の体の赴《おもむ》くところ、トイレに入ることから、仕事場、家庭の中、とにかく自分の体が行くところは、すべて教会であり、お寺なのです。教会やお寺、神社へ行った時、あるいは仏壇の前に座っている時にだけ清い気持ちになっても仕方がないのです。自分が非常に清められたような気分になった状態を、いつでもコンスタントに保っていられるようにするということを、発想の転換によって行ってゆく、ということが修行なのです。山の中で滝の水に打たれて一か月修行したとか、三か月のあいだお堂に籠《こ》もって荒行《あらぎょう》をやったということばかりが行《ぎょう》になるわけではありません。それよりも毎日の生活の中で、灰皿ひとつ、お花ひとつに対する、ものの考え方といったことが、修行のひとつひとつとなるのです。

第二章　霊的開運法

宿命と運命の違い

世間では、宿命の意味と運命の意味がごちゃ混ぜに使われていることが多いようです。〈宿命〉というのは、神様たちとご先祖様とが協議した結果定められた、これから生まれてくる人間の〈人生の青写真〉です。青写真ですから、大体、おおよそということであって、決定ではありません。いろいろと手直しや変更がきくのです。あるいは設計図の大幅な描き直しがある場合もあります。それも可能です。

ですから、宿命とは青写真であり、運命とは手直しや変更の部分をいうのです。運命の力とか運が強いとかいうのは、そういう意味のものなのです。

神様は人間の宿命を六〇パーセントにしています。後の四〇パーセントは、人間の運命の力に下駄《げた》を預《あず》ける、つまり、本人の心がけにまかせてあるのです。

宿命では不幸、短命であっても、人間の運の力によって、幸福、長寿に変更することもできるということです。

良くするも、悪くするも、その人次第ということです。

「俺は一生懸命働いているけど、ちっとも良くならない」という人が世間にはたくさんいます。そういう人は、ほとんどが決まって宿命の風に吹かれっぱなしでいることに気がついていない〈諦《あきら》め型の人〉が多いのです。心根《こころね》は優しく正直で、気の毒になるくらい善い人なのに、ちっとも楽な生活ができない人もいます。

それとは反対に「あんな悪い奴がどうしてまたあんなに良い生活をしているんだろう」と思われるような人もいます。

それらの違いは、いったい何が原因で起こるのでしょうか。

宿命に克つ

まず〈宿命〉というものがあります。

いくら現在のその人が善い人であっても、前世とか、先祖の因縁《いんねん》とかで青写真〈宿命〉が決められるのです。そしてまた、その人がある程度〈純粋度の高い魂《たましい》〉を持っている場合、その魂の純度が高ければ高いほど、与えられる試練も厳しいものになるのです。ちょうど、小学校、中学校、高校、大学、大学院と、本人の理解力や知力が上がれば上がるほど試験も厳しいものになっていくのと同じなのです。

生まれた時から、美しく清らかな魂を持って生まれた人は、それにふさわしく苦労も大きいのです。世に名を残した聖人や偉人たちは皆そうであった事実がそれを顕著《けんちょ》に物語っています。その反対に純度の低い人には比較的に甘い試練が与えられています。しかし、それでさえ不服だと駄々《だだ》をこねてふてくされ、すねて試練に負けて、世間でよくいわれる悪人になっている落第生も大勢います。魂を磨く授業が辛《つら》く、めんどくさくて授業放棄。果ては中途退学してしまうのです。

困難や苦しみが来た時に、逃げたり負けたりしないで、〈美しい魂〉を大切に守りながら、困苦をねじふせ、突き破ることこそが試験にパスするということなのです。

その突き破る精神を助ける方法がいくつかあります。

それは、私たちの先輩たちが試験をパスしていった時のことを参考にして作って残してくれた〈参考書〉です。その参考書とは、お経であったり、聖書であったりします。その他、方位学（気学）、各種の占術などがあります。それらを試練のたびに活用してゆけば試練もいくらか楽になるということです。

その試練困難とは、はたして何でしょう。それは人によって違います。お金に弱い人にはお金の苦労で来ます。情愛に弱い人には情愛の苦労で来、仕事に弱い人には仕事（事業・経営・技術・人事その他）の苦労で来ます。

では、それらの困難に負けないため困難をねじふせることとは、いったいどういうことをいうのかと申しますと、お金の問題・愛情問題・仕事上の問題が起きた際に、それを解決する時にあたって、〈美しい心・良心〉を少しも曲げることなく守りながら、方法を考え処理していくということです。自分の良心・美しい心に恥じないで済んだということが〈勝った〉ということなのです。

その反対に、〈困難に負ける〉ということは、金銭や愛情や仕事の面で問題が起きた場合に、自分の良心、美しい心に後ろめたさを感じるような、恥ずべき卑《いや》しい解決法を採《と》った時が、困難に負けたということなのです。

第三の眼

よく、「キリストやお釈迦《しゃか》さまが偉いのだったら、どうしてあんなに苦労ばかりで、楽な目を全然見ないで、ひどい死に方をするのか」という質問をされる方がいらっしゃいますが、私は、あれは試験をされているのですよ――と、申し上げるのです。つまり、彼らの人生は〈人生の大学院〉なのです。心の中が本当にきれいになればなるほど、それに見合ったもの凄い試練が来るわけです。けれども、それにたじろぎもしないし、引っかかりもしない。お釈迦さまが菩提樹《ぼだいじゅ》の下で瞑想《めいそう》をしていると、豊満な女性が色仕掛けで堕落《だらく》させようと現れます、それでも引っかからないとなると、今度は脅かしにかかる。それでもダメとなると、情で来る。「お母さんが病気だよ」とか、「奥さんが病気で死にそうだよ」と言いに来る者が現れるのです。

それを〈おためし〉と言うのですが、その〈おためし・試練〉というのはいろいろな形で来ます。

この人生にはいろいろな〈おためし〉が来ます。けれども、それに引っかかってはダメなのです。最初は引っかかりますが、次第に「これは試されているんだな」と思うようになるのです。守護神や守護霊というものに試されているんだな、というふうに思えればよいわけです。

肉眼の他にもうひとつ、〈第三の眼〉というものが額《ひたい》の真ん中にあるといわれていますが、その第三の眼で世の中を見るようにすれば、〈おためし〉に引っかかることはありません。それによって、世の中の裏を見ることができるからです。弥勒菩薩《みろくぼさつ》でも阿弥陀如来《あみだにょらい》でも観世音菩薩《かんぜおんぼさつ》でも、仏さまは皆さん半眼を開いていらっしゃいます。半眼を開いているというのは、半分で現実の世を見て、半分では脳細胞の中に映っているもう一つの次元のものを見ているわけなのです。この心眼が第三の眼です。

今は、霊視をしたり霊感によるご相談を受けることを固くお断りしておりますが、ひところまではそういうことを致しておりました。そういう時はその額の真ん中、〈第三の眼〉に神経を集中しまして、眼は十メートルくらい先を見るのです。そして目をつぶって、鼻から深く息を吸い、背筋を伸ばし、体の力を抜く。

意識を集中させて正面を見る。始めは真っ暗闇で何も見えませんが、そのうち面白いことにいろんなものが見えてくるのです。

とはいっても、神さまも相談事の解決法を具体的に文字で見せてくれたり、スクリーンに映すように見せてくれれば問題ないのですが、そうではなく、イメージとして、きっかけになるもののヒントだけしか見せてはくれません。そのきっかけになるもののヒントが、脈略なくパッと出てきますから、それをどのように解釈するか、ということはこちら側の責任なのです。解釈の正確さというものは、その人の経験や技量によりますが、だいたい人生経験のあまりない人は、きっかけになるようなものが見えても解釈を間違ってえらいことになってしまいます。

自分こそ自分の神

さて、そうやって相談を受けていたところ、ある女性の方から、

「人にお金を貸してもよいでしょうか?」と、ご相談を受けました。

その時直感で、もう貸してしまっていることがわかったのです。

「あなた、この人に貸してもよいかと言うよりも、もうすでに貸してしまった

のでしょう?」と言うと、実はそうだ、と言います。

「ダメですね。返ってきません。その人は典型的な詐欺師《さぎし》で、あなたは引っかかってしまった。いったいいくら貸したのです?」

「五千万円貸しました」

「それは、もう、あきらめるしかないでしょう」

と言いますと、明日から生活していけない、どうしよう、と真っ青になっているのです。

こういう方は、つまり、うまい話に乗ろうという助平《スケベ》根性があるから引っかかったのです。欲を出さないで「私はこれだけあればたくさんだ」というふうに断ればよかったのに、苦労をしないで楽に稼《かせ》げるという心を起こしたために、騙《だま》されたのです。ですから、もちろん騙すほうが悪いのだけれど、騙す隙を与えて罪を犯させたその人も悪いことをしたわけです。

そしていちばんいけないのは、そういう問題を解決するために、霊能者のところへ行ったり、占い師のところへ行ったりして、〈人の力をあてにする〉、という態度なのです。宗教というのはそういう弱者の傲《おご》りにつけ込む、という部分で成立していることがあるのも事実です。それは、自分は楽をして、能力のある人に見てもらい指示を与えてもらって、その通りにやればいい、というイージーな考えの方が結構多いからです。このような根本的に間違った考えを持っている限り、決して幸福にはなれません。

そうではなく、まず自分が教祖さまになろうと思えばよいのです。思い上がった気持ちではなく、自分が困ったときには自分でなんとか処理できるような力を身につけたいと真剣に思えば、それは必ず神さまに通じます。初めの数か月でうまくいかないからといって、『私にはできない』と思ってはいけません。そう思ってしまうと何もできません。人がやれるのだから、自分にできないわけがない、というふうに思って、とにかく毎日やっているうちにできるようになるのです。

人間の幸福とは外から見ただけではまったくわからないものです。

私の知り合いの中でも、よそから見れば不幸せそうな家庭ですが、本人たちは毎日を心豊かに明るく送っている人たちも実際にいます。彼らの幸福感はどこから来るかといいますと、些細《ささい》なことにもありがたいと思う〈感謝の心〉です。

一方その反面、やはり知り合いで、金がうなるほどのお金持ちで、他人から見れば羨《うらや》ましいほど何もかも満ち足りた幸福そうな家の人がおりますが、実はその人は、一歩中に入るとまるで恐ろしい〈地獄〉という家庭の中にいるのです。表面は穏《おだ》やかそうな大家族の人々が、裏では財産争いのための青鬼赤鬼。当主は世間の評判も悪く、病気がちの身体はいつも不安と虚勢《きょせい》でイライラしています。

彼はこれまで、財を残すためあらゆる悪辣《あくらつ》なことをして人々を泣かせてきました。その豪邸の壁石の一つ一つに人々の呪いと怨《うら》みの涙が籠《こも》っているのです。上べだけを見ると勝利者ですが、内側から見ると〈人生の敗残者《はいざんしゃ》〉なのです。

「それでもいいじゃない、金持ちになれれば、人にそう思われるだけでもいいじゃないのよ」と、ある軽薄な女性が言ったことがあります。

「あなたは今、外側にいる人間で当事者ではないからそんなことを言うけれど、もしあなたが内部の人間になったら、きっと『金も名誉もいらない』と逃げ出すか、それでなければノイローゼか死ぬかになるでしょうね」と私は答えました。

そして彼が目の中に入れても痛くないほど可愛がっている孫は、学校で友達にいじめられ馬鹿にされているそうです。彼は巨万の富と共に、末代までの恥辱《ちじょく》をも手に入れてしまったのです。

彼は子供の頃、街の占い師に「貧しいまま短命に終わる人生だ」といわれたそうです。「何クソ！」とばかり、その不幸な宿命を変えてやろうと心に誓いました。そこまではよかったのです。が、彼はその、もの凄いエネルギー（念力）を滅茶苦茶に使って生きてしまったのです。

集中力と持続力

善人が貧乏したり、悪人が富裕《ふゆう》になったりする矛盾《むじゅん》は、そのエネルギー（念力・思い込む集中力とその持続力）の違いから生じてくるのです。善人は概《がい》して欲が薄く、諦めやすいので、その願望成就のエネルギーが弱かったり、持続力がなかったりする場合が多いのです。

悪人はだいたい、執念深く、奸智《かんち》にたけて、欲望達成のための集中力と持続力のエネルギーが強いのです。

善人はどちらかというとのんびり、悪人はせっかちという図式が多いのも、エネルギーの活力の違いからくるものなのです。

〝悪事《あくじ》千里《せんり》を走る〟という言葉がありますが、〝善事《ぜんじ》千里を走る〟などという言葉はありません。なるほど、悪い噂はあっという間に千里四方に広がりますが、善い事をした噂はなかなか広がらず、すぐ立ち消えになってしまいます。人々が〝他人の不幸は蜜の味〟とばかりに、他人の悪い噂のほうを喜ぶ傾向があるのは否《いな》めないことです。

ともあれ、悪の持つエネルギーのほうが強いのは、よくご理解頂けたと思います。そこで、不遇な善人が豊かになるにはどうすればよいか、もうおわかりでしょう。

そうなのです。悪人が持っているところの願望成就に対していつも念じ続けるエネルギーの集中力と持続力とを、善人のままで同じものを持つという事です。善人であっても豊かな暮らしをしている人たちも大勢います。その人たちは善人特有の長所に加えて、悪人が持っているところの激しいエネルギーと、集中力と持続力とを努力して身につけた人たちです。

こういう人々を〈真の成功者〉というのです。

運命を変える力

自分の運勢がマイナス〈負〉のほうに傾いているときに、そのマイナスをいかに少なくするか、そしてマイナスが来ても、それが命取りになるほどの、決定打にならないように、いかに防ぐかということのいくつかのノウハウをお教えしましょう。

運が悪い人は、すぐに「お祓《はら》いしなくちゃ」などといって神社に駆け込んだりなさいますが、それだけではなくて、総合トータルで運を変える努力をしなければなりません。生命判断で名前だけ変えたから良くなるかといったら、そうはいかないのです。その人のいちばん大きく、生まれてからこのかた動いてきた、行動パターンの方位方角、その人のプラス〈正〉になるような方角へ行ってるかどうかということも計算してみなければなりません。

そしていちばん運が良くなるかならないかというのは、先祖供養が大きく影響します。ですからお墓参りとか先祖供養とか、そういうものはたいへん効果があります。

総合トータルですから、生命判断も、先祖供養も、方位学も、いい音楽を聴いて気の流れを変えることなどをはじめとした衣食住の基本的生活法も、それのどれかが欠けた場合、どれか一つだけをいくらやっていても、なかなか良くなりにくいのです。全部をやるというのはもの凄く努力がいることだけれども、努力なしで一つだけのことをちょっとやって良くなろうと思っても、そうは問屋が卸《おろ》しません。〝働かざるもの食うべからず〟です。

ではまず、自分の宿命を知るにはどうすればよいかといいますと、それは昔からある占いの方法で、九星気学《きゅうせいきがく》とか、四柱推命《しちゅうすいめい》とか、占星術とかで調べます。東洋の占星術も西洋占星術も、四柱推命も大体同じ答えが出てくるはずです。それで調べた結果、良くない答えが出てもがっかりする必要はまったくありません。

それを良い方に変える方法があります。それは〈運命〉の力です。

その〈運命〉とは、運の力で変えた人生航路のことです。

では、その運をどうしてつけるのかといいますと、まずそれを信じる素直な気持ちになることが肝心《かんじん》です。

善人は素直だからすぐ信じます。悪人は欲があるからすぐ信じようとします。ですが、いちばん困るのは、それほど善人でも悪人でもないという中ブラリンの人たちです。なまじ理屈をいう頑《かたく》なな心が残っているために、疑い深く「そんなことあるわけないよ」とせせら笑うところがあるからです。「あるわけないよ」というからには、自分が勉強し体験したからそれが言えるのかと思ったら、さにあらずで、それがどんなものか何一つ知りもしないで、知ったようなことをいうのですから始末に負えません。

ですから、コロンブスのアメリカ大陸発見を信じなかったスペイン本土の連中と同じような人々は放っておいて、先に進みましょう。

運をつける四つの項目

一、素直な〈善い〉心を持つこと

まず、自分の良心の部分を心の中で探し出すことから始めましょう。難しいことではありません。実にやさしいことです。なぜなら、まったく無《な》い物を探せといっているのではありませんから。その自分の良心（善心）とは、どんな人でも人間である限り、大なり小なり持っているものなのです。たとえば、他人に道をゆずるとか、自分以外の人間を誰か愛するとか、動物を可愛がるとか、たとえ気まぐれにしろ、年寄りに席をゆずるとか、他人に微笑《ほほえ》むとか、その何でもないと自分では思っている小さな親切が、実はとても重大な貴重な宝なのです。よしんば気まぐれであったとしても、人にちょっとでも優しくしたことで「あぁ、今日は善いことをした」なんていうふうに思う気持ち、それが良心なのです。それによって、何かまるで自分がとっても善い人みたいな気がして、一日中気分がよいなぁ、なぞという経験はどなたでもお持ちだと思います。その気持ちをもって、以下に述べる項目の、お経を上げたり祈ったりするというのがコツなのです。

日常持ち続けている不平不満、恨み悩みの気持ちのままで拝むと、マイナスの電気、エネルギーが仏壇や神棚などのバッテリーに充電されてしまいます。すると、その電気が家中を支配することになります。これは怖いことです。ですから、拝む時は、たとえ、今、現在の貴方《あなた》のおかれた毎日の立場が、苦しくても、悲しくても、そんな気持ちを曳《ひ》きずったまま拝《おが》んではなりません。拝んでいる時はどんなに無理をしてでも先ほど述べた、優しく明るい気持ちで拝むように心懸けてください。仏前に座っていきなり初めからは、まあ無理でも、拝んでいる間にマイナス〈陰〉の気分からプラス〈陽〉の気分へとだんだんにだんだんに切り替えるように一生懸命努力してください。拝みながら、自分が普段の日常生活の中で忘れていた「自分は尊《とうと》い仏様である。観世音菩薩《かんぜおんぼさつ》である。神様である」という、自分の中にある神性、仏性を思い出すことです。

誇りと優しさ、いたわり、素直さ、厳しさ、暖かさを具《そな》えた自分は、充分に自分自身をあがめるに足りる、素晴らしい清らかな高い人格を持った菩薩である。仏である。神である。ということを思い出すことなのです。ただし、傲慢《ごうまん》になれ、自惚心《うぬぼれごころ》を持てといっているのではありませんから、くれぐれも誤解なさらないでください。

あくまでも、その心は慎《つつし》み深く、謙虚で、優しく、ふんわりと明るくあらねばなりません。このような気分、すなわち〈仏性を取り戻す〉ため、一日一度でも結構ですから、神前なり、仏前なりでこの行をなさってください。

始めたからといって、いきなり、そんな尊い気分に誰もが最初からなれるものではありません。ですが、始めは〈嫌な悪い人〉の気分で拝んでいても、何度か繰り返して努力するうちに、拝んでいる間に、一分か二分でもちらちらと〈善い人〉の気分が出てくるようになります。そしてやがてそれが、一分が三分、三分が十分、十分が三十分という具合に、だんだんと長く続くようになります。

そのようにしながら、その善人の部分の気持ちを、一日のうち、たとえ三十分でも一時間でも持続できるようにするのです。そして、それが、やがて神仏の前で祈っている時間以外にまでも尾をひいて、日常生活の時でも、それが続いてくればもうしめたものです。でも、それが丸一日持続しても、翌日、また駄目になることがあります。元の〈嫌な悪い人〉に戻る場合が多いのです。でも、またその行をイヤイヤながらでも始めると、また、その明るい気分、善人の気分を取り戻します。

それを繰り返すうちに、始めはなかなか取り戻すのに時間がかかったのが、今度は段々早くなってきます。そして、善い人の日が、一か月のうちに一日しかなかったのが、二日、三日、一週間と少しずつ、薄紙をはがすように仏性が出てきて持続できるようになるのです。

今日より明日、明日より明後日《あさって》と、自分の心が日進月歩《にっしんげっぽ》で磨かれていくのです。自分は仏であるという自覚。慈悲の心。優しさ、厳しさ、深さ、強さ、謙虚さ、清らかさ、暖かさ、大きさ、感謝、これらを、一つにまとめた偉大な心を、自分の中に「自分は確かに持っているのだ」という自信が、自分をもまた家族をも、そしてまた社会をも支えていく源《みなもと》となるのです。

以上述べたような心を込めて、バッテリー（蓄電池）であるところの神棚や仏壇に向かい拝むのが、〈拝む心〉というのであります。その心をエネルギーいっぱい注ぎ込み、充分に、毎朝、毎夕、蓄電するのです。

そうしますと、蓄《たくわ》えられたプラス〈陽〉の電気、エネルギーが、マイナス

〈陰〉の気を打ち消し、家中に〈陽〉の気を満々と明るく輝かせてくれるようになるのです。その気によって、不成仏霊や障りのある諸霊魂なぞのマイナスの気は浄化され、〈陽〉の気となって、霊界へ行き仏《ほとけ》の心と成ることができるのです。

それをつまり、〈成仏《じょうぶつ》する〉といいます。

あの世の者たちも、この世の者たちも、みんな揃《そろ》って〈仏の心〉になるということです。その〈仏の心〉を常に保ちながら、会社・仕事場・遊び場・家庭で毎日を過ごすならば、対人関係その他のトラブル、つまりマイナス〈陰〉の出来事なぞ起きることは、絶対ありません。人々が、お互いの仏性に満ちた人柄を尊敬し合うようになれば、ちゃんと相手を立て、いたわるようになれるからです。

地獄、極楽はあの世にばかりあるのではありません。

我々人間の胸三寸《むなさんずん》の中にあるのです。

もし現在あなたが、何らかの地獄の思いに苦しんでいるとするならば、それは皆ひとえに原因はあなたの中にあるのかもしれません。

一日も早く自分の仏性を大きくふくらませて、自分の力で天上人となってください。〝天《てん》は自《みずか》ら助《たす》くる者《もの》を助《たす》く〟の譬《たと》え通りです。

二、自分の家代々の神仏および先祖供養をすること

姓名判断でいうところのいい名前を持つことや、気学の応用（家相、地相、方位等）によって運をつけることも大事ですが、いくらいい名前を持っていても、先祖供養《くよう》がきちんと行き届いていない人は、幸運がなかなか廻ってきませんし、また、気学でいくらよい方位を取っても、なかなか効果が表れ難いものです。なぜなら、まず、霊的な波動力の作用が何にもまして一番影響が大きいということだからです。

では、その開運に一番効力のある先祖供養はどうしたらよいかといいますと、これは、姓名学や、方位学にくらべて、とても簡単なものです。春、秋のお彼岸《ひがん》と、お盆と、年の暮れの年四回、また、もしくは一回でも二回でも結構ですから、お墓参りに行くことです。そして、もっと丁寧になさるのなら、そのお墓のあるお寺の本堂で、お坊さんに頼んで、何々家先祖代々の霊として供養してもらうことです。その中で、特に供養したい人（たとえば両親とか子供とか）があれば、その人の名を書いた塔婆供養《とばくよう》をしてもらえばよいと思います。そのかわり、なに

がしかのお経料（大体はその家の生活状況に応じた額、それは仏やそのお経を上げてくださるお坊さんへの感謝の気持ちということです）を差し上げればそれでよろしいと思います。

もし、そのお寺が、現在のあなたがなかなか行けないような遠方にある場合とか、仕事の都合で行けない場合などには、その供養をしたい人々の名前を書いて、お経料を添えて、どうぞご供養をお願いします、とそのお寺の住職様あてにお手紙をなさっても結構です。それでも先祖たちには気持ちは届きます。また、自分が天涯孤独のため、両親や先祖の墓なんてわからないとおっしゃる方は、自分が現在使用している姓名の姓による、

「何々家先祖代々の霊位、因《ちな》みに○○○○（自分の名前）に頼る所の霊、すがる所の霊、恨む所の霊、及び有縁無縁の諸精霊一同」

という文字を書いてお経を上げ、回向《えこう》供養《くよう》をすればよろしいと思います。

その際、お寺はご自分の現在の信仰する宗派のお寺（信仰のない方は好きなお寺か、何となくピンとくるお寺か、もしくは最寄りのお寺で結構です）で供養をなされればよろしいと思います。その時、ご自分でもお経が上げられればいちばん

よろしいのですが、それが無理な場合は、お坊様だけにお願いすることとです。なお、あなたのご両親より先、つまり、祖父母やそれ以前のお墓の供養も大事です。

しかし、そのお墓やお寺がどこにあるのか、先々祖が誰やらわからぬ時は、役場とか役所へ行って、戸籍を溯《さかのぼ》って調べるとだんだんとわかってくる場合がほとんどです。先祖が導いてくれるはずです。その戸籍に近い寺を尋《たず》ねたり、古い遠い親戚を探して聞いたりすれば自然にわかってきます。ちょっとばかり、初めは気骨《きぼね》のおれる仕事になりますが、その時限りですから、それくらいのことはなさったほうがよろしいかと思います。何よりも自分のためになることですから。

ご自分のお宅で仏壇をお持ちになって、自分でお経を上げて供養なさっていらっしゃる方でも、一応は先に述べた事はおやりになっていただきたいと思います。

仏壇とかご宝前《ほうぜん》とか申しますが、それは自分の家のご縁のある神仏と先祖を祀《まつ》り、そのご守護を感謝し、供養をするための場所というだけではありません。

普通のバッテリー（蓄電池）はマイナス〈陰〉とプラス〈陽〉の電気を充電しますが、先に申し上げたように、この仏壇という一種のバッテリーには、プラスの電気だけを蓄電しなければならないのです。その〈陽〉の電気が充分に溜めてあれば、その家の中に陽の気が立ちこめ、明るい雰囲気、明るい話題、明るい幸運がいつも漂っていることになるのです。

よくある、因縁《いんねん》の悪い家というのは、その家や、土地、建物、家族がマイナスの電気で汚染されていることをいうのです。ですから、それを解決するには、マイナス〈陰〉の気を失《な》くしてしまうことです。神道（神社）のほうでは、それをお祓《はら》いといっています。仏教のほうでは、罪障消滅とか因縁消滅とかいろいろな言葉がありますが、いずれにしろ、やはり皆同じで、陰の気を陽の気に変えることには違いありません。

ご自分でできない方は、神社やお寺の神主さんなりお坊さんなりに、時々来ていただいてお勤めをしてもらえばよろしいのですが、もしご自分でいつもなさりたい方のために、ここでその方法をお知らせしたいと思います。

まず、口や手をお水で浄《きよ》めた後で、神棚なり仏壇の前に座ります。

背筋から首筋、頭の頂上までをまっすぐに上へのばし、あごを引いて、眼を静かに閉じます。

そして、その瞼《まぶた》は軽く閉じたままでいながら、瞼の中の黒目の位置はまっすぐに十メートルほど前方を見据《す》えます。

そして、ゆっくりと静かに鼻から息を吸い、口から吐きます。そして吐き出す時に、身体中の力の入っている所（額《ひたい》・眉間《みけん》・眉《まゆ》・腕・胸等）を緩《ゆる》めていきます。

そして息は、胸ではなくお腹でゆっくりりするようにすると、早く楽になります。その時、力を抜いていく過程で、ぐにゃぐにゃと姿勢がくずれないように注意してください。まっすぐな姿勢がくずれると気持ちもくずれます。

静かに両手を合わせます。両手を合わせながら、ひじを身体から軽く離します。両手を前に、軽くひじを横に張った形になります。そして経文《きょうもん》なりお念仏なりお題目なりを唱え始めるのです。


供養というと、こういうエピソードがあります。

最近の話ですが、私のスタッフの一人で、長いこと照明をやってくれている人がいます。ある時打ち合わせをしていたら、どうも元気がないし覇気《はき》がない、ひらめかないのです。

「あなた、元気なさそうな顔してどうしたの？」と言うと、

「仕事を受けられないんじゃないかと思っているんです……この半年、頭痛がひどくて、首が動かないんです。首を横へやるのも辛《つら》くてハンパじゃないんです」と言います。

首が曲げられないようじゃしょうがないじゃないというわけで、私が右の掌《てのひら》で耳の後ろから首筋をなでてあげながら心の中で「南無妙法蓮華経……」とお題目を唱えていると、中年から老年にかけての男性の声で、

「先生、聞いてください。こいつは長男のくせに墓参りにも来たことがないんです。線香一本上げにこないんですよ。そんなことってありますか？　長男の役目をちゃんと果たせとこいつに言ってやってください」と聞こえました。

とても気が短い方で、世間様が何と言うかとか、世間体《せけんてい》が悪いとかいうことをとても気にされる方のようでした。首筋の手当てが終わってから、

「あなた、長男なんですって？」と言うと、そうだと言います。

「長男のくせに墓参りにも全然行ったことがないんですって？　あなたのお父

さんがそう言っていたわよ」そう言うとビックリしていました。

「すごく頑固《がんこ》で、世間体とかそういうものを気にする人なのね」

「そうなんです」

「本当にあなた、お墓参りに行ったことがないの？」

「ええ、ありません」

そりゃあ頭だって痛くなる、お墓に参っていらっしゃいと言いました。墓参りに行って、それまで位牌《いはい》に水も自分ではあげなかったのが、ちゃんとやるようになった。そうしたら、半年患《わずら》っていたのにピタッと治ってしまったのです。


また、首ではなく腕にきた人もいます。長い間私の芝居に出ている役者さんですが、次の公演の配役が決まっていたのです。

ある日、「ひょっとしたら降ろさせていただくかもしれません。右手が痛くて上がらないんです。もう、洋服も着られないような状態です」と言うのです。お医者さんや鍼灸院《しんきゅういん》にも行ったけれど原因不明で、半年のあいだ治らない。しかもだんだんひどくなっていると言います。腕を上げるだけで痛く、右を下にして寝ることもできないというのです。これでは芝居は出来ないから降りてもらうしかないだろうかと思っていたら、パッとひらめきました。

さっきの話と同じ「長男のくせに墓参りに来ない」というのでお父さんが怒っているのです。

「あなた、お父さん亡くなってますね」

「ええ、死んでいます」

「長男ですって？」

「はい、そうです」

「お墓参りに行かないんですってね」

「そうなんです」

「それは怒られるわよ。とにかくお墓参りに行ってらっしゃい。お墓参りに行っても治らなかったら、いい整体のところを紹介するし、そこでも治らなかったら、しょうがない、最後に私のところへいらっしゃい」と言って、体にお経をかけてあげました。

数日後、お墓参りに行った彼から電話がかかってきました。

「どうしたの？　あなたうちに来ないじゃない。こなくてもいいの？」と訊《き》くと、「良くなりました」と言います。

実家に帰り、お墓参りをして、夜に眠っていると、右を下に寝ていてなんともないのでおかしいと思ったそうなのです。それで、念のためにもう一度お墓参りに行ったら、帰りにはもう治っていたということでした。

「整体には行かなくていいの？」

「整体にも美輪さんのところにも行かなくて済みます」

「今度の芝居には出られそうなの？」

「はい、出演させていただきます」

よかったじゃない、と言ってその一件は解決しました。

それからまた別の話ですが、ある地方へ公演に行った時に、そこのプロモーターの幹部の女の人と新幹線で帰りが一緒でした。その人が同じことでした。腕が上がらないのです。

「私、腕が全然上がらないんです。もう長いあいだなんです」

「ああ、そう」と私が言って、ふと目を閉じたときに、緑色の布に金色で竹の葉が描いてあるものを、おばあさんがまだ若いその女の人にあげているのが見えたのです。

私が「あなたのおばあさんという人、亡くなっていません？」と訊くと、亡くなっているというのです。

「あなたはその人に可愛がられて育ったんでしょう？」

「そうです」

「その人から、何か緑色で、金の竹の葉を描いたものを形見としてもらってない？」

「はい、お経本をもらっています。緑色に竹の葉を描いたのは表紙です」

「そのおばあさんのお墓参りに行ってないでしょう？」

「ええ、もう何年も行ってません」

「ほかのだれに来られるよりあなたに来てもらったほうがうれしいらしいから、お墓参りに行ってらっしゃい。そうしたら腕が治るかもね」と言いました。

その年の暮れ、ディナーショーの仕事のため都内のホテルに行きました。車をホテルにつけると、その人が手を上げて大きく振っているのです。

「どうしたの？　手は？」

「治りました」

「あなた、お墓は遠いからお参りには行けないと言っていたじゃない」

「いえ、もう、とにかく行かなくちゃと思って無理して行ってきました。そうしたら治っちゃったんです」


私が「墓参りは大事ですよ」と言ってるのはそういうことなのです。先祖は苦しめようとしているわけではなく、知らせる方法が他にないのです。だから初めは良い現象を起こしてやって知らせようとします。しかし、人間というのは浅はかなものですから、良い現象で知らされても、自分の力だと思うものですし、変だとは思いません。「良い現象が起きすぎて変なんですよ」と相談に行く人はいません。「じゃあしようがない、最後の手段だ」ということで苦しめるわけです。苦しめたら、「おかしい」と思っていろんなところへ相談に行ったりする。神様や霊はそうやってちゃんといろんなことを教えてくれるのです。

毎朝神仏にお水を供《そな》え、素直に尊い気持ちで感謝の祈りを捧げる父母の、〈心〉と〈姿〉を見せてさえいれば、子供たちは決して、両親を馬鹿にしたり、罵倒を浴びせたりするようなことにはなりません。毎日の両親のその姿に、心秘《ひそ》かに尊敬の念を抱くからです。

盆、暮れ、お彼岸の年四度の先祖のお墓参りにも、何はともあれ、家族そろって、お参りすることをぜひおすすめしたいのです。お墓にお水をかけ、お線香とお花を上げて、静かに拝む家族一同の姿に、どれほど先祖は嬉しく懐かしい思いをするでしょう。そして、どんなことがあっても、この子孫たちを守ってやろうと思うにちがいありません。

そして親御さんは子供さんたちに言うのです。

「今はこうして、お父さん、お母さんがお線香を上げたり、お水やお花を上げてお参りしてるけど、いつかは、今度は私たちがこの中に入って、あなたたちに子供連れでお参りしてもらうようになるんでしょうね。そしてまた、あなたたちが今度は自分の可愛い子供たちにそれを教えてゆくようになるんですよ。お願いしますね。時々逢《ときどきあ》いに来てくださいね。私たちは死んでも、きっと天国からあなたたちの幸福を祈って、守ってあげますからね」

こういうコミュニケートの仕方こそが、古来から伝わった、日本独特の家族のスキンシップというものなのです。

人間の尊厳であり、人間の生活の智恵なのです。

物心ついてより、ずっとこういう育てられ方をしたならば、親を馬鹿にして子供たちが非行に走ったり、家庭内暴力とか校内暴力を起こすということなどは断じてありません。

これこそが、〈真の開運〉ということなのです。

三、姓名判断による改名

初対面の人によく聞かれることですが、「どうして美輪さんは、丸山明宏から美輪明宏に変えられたんですか?」という質問です。私はいつも「ああ、それでですか、それは私がお嫁に行ったからですよ」と笑ってお茶をにごしていますが、実は、それは姓名判断で変えた名前なのです。しかし、それはただの姓名判断ではなく、霊感による姓名判断なのです。

ある日私は、いつものように、御宝前でお経を上げておりますと、半眼を開いた目前に「美輪」という文字が出現致しました。『はて面妖《めんよう》な』と訝《いぶか》しく思いましてしばらく考えたあげく、これは神仏が名前を下さったのだと思い、調べてみました。すると姓名判断でも、とても良い名前の画数でした。ただし名前を変えるのではなく、私の場合は姓を変える事だったのです。周りの人々からは、「売れない人が名前を変えるのはわかるけど、売れている最中に変えるなんて正気の沙汰《さた》とは思えない。どうかおやめなさい」と随分言われましたが、私は「他の人からならしらず、これは神仏が与え給《たも》うた名前だから」と、断乎《だんこ》として変えてしまいました。今では、やはりいろいろな意味で変えてよかったと思っております。

しかし名前だけ変えても駄目な場合もあります。同姓同名の人たちでも雪と墨のように異なる人生を送っている人もおりますが、それは先に述べましたように先祖供養と、その人の正しい衣食住等の心がけと、前世の因縁《いんねん》と、大きく動いた方位・方角、また住んでいる場所の因縁などによって違ってくるものなのです。

私はこれまで、多くの人々の名付け親になってきましたが、ほとんどの人がうまくいっているようなので、ほっとしています。人が幸福になるのを見るのはとてもいいものです。

姓名判断というのは、その人の持つ名前の画数から派生するエネルギー（言《こと》霊《だま》・音波）が、その人の細胞にとってプラスになるかマイナスになるかという判断です。〝名は体をあらわす〟と昔からいいますが、やはり良い名前、良いエネルギー、良い音波を発する名前でないと、他にいろいろと努力してもなかなか報《むく》われないということです。日本にはいろいろな流派があります。本も書店に売っていますので、なるべく自分で数種のやり方を調べて、ある程度いろいろな有名人や知人や友人等の名前を調べてその本の流儀で判断して当てはまるかどうか、データを集めた上で納得した流儀で変えて下さい。

そして、名前を変えましたら、その名前を色紙に書いて、その色紙をいつも目につく所に置き（仏壇や神棚はいけません）、変えた日の翌日から向こう二十一日間、毎朝陽が昇ってから正午までの間なら何時でも結構ですから、自分の生まれた月の数だけの線香をその色紙の前で焚《た》くことです（五月生まれなら五本）。二十一日の間、一日でも忘れたらまた始めからやり直しです。線香が途中で消えたりしても同じです。

そして表札も、銀行の通帳も、ともかく公文書以外のものには徹底して新しい名前を使うようにすることです。せっかく良い名前に変えても、元の名前で呼ばれて、うっかり返事をしたりすると、新しい名前を二百回使った分の効力が消えます。悪い因縁の強い人ほどそういうことが起こりやすく、そうやすやすと良い名前に変えられないように、それこそいろいろな妨害や邪魔が入ります。よほど強い意志を持たなければ変えられません。魔の力は強いのです。

改名というものは、先の先祖供養を実行して初めて効力を発揮するものです。それが何よりも大事なのです。姓名学上悪い名前でも、先祖供養を大事にしている人はかなりの成功をしています。その反対に、いくら姓名学上素晴らしい名前でも、ご先祖及び神仏をおろそかにしている人は大した効果が期待できません。

四、気学・方位学を活用すること

これもまた、書店に各種本が出ています。勉強して実行して下さい。必ず効力があります。現に、なかなか大臣のポストに座れなかった人が、転居の方法の方位学を使って、望みを果たした例もあります。財界の大物といわれる人たちのほとんどが、二と四の項を励行《れいこう》しているのは事実です。何が恥ずかしいのか「内緒にしてくれよ」とおっしゃる方も中にはいらっしゃいますが。

気学・方位学というのは、磁気を活用するものです。太陽が巨大なエネルギーを放出しているように、この地球にもまた非常に大きなエネルギーがあります。そしてまたたいへんに強力な磁気があります。私たちが持っている素子（霊魂）に必要なプラスの磁気エネルギーを補充する、つまりバッテリーに電気を充電するのが気学の目的です。しかしその素子（霊魂）は生年月日によってそれぞれ種類が違っています。その素子（霊魂）が原子の魂《たましい》（肉体）に覆われる作業が母親の胎内で終わり、月満ちて初めて外気に触れた（生まれた）時の星の位置によって、いつどこで充電するべきかが定められます。その星から送られるエネルギーと地球の磁気エネルギーとの相乗作用によって、その素子（霊）に有益なエネルギーが造られるのです。

地球を含めて天体はすべて動いています。地球に対する星の位置は常に動いていますので、そのエネルギーを補充する場所もまた変わってくるのです。ですから、年が変わり、月が変わり、日時が変わると、その気を補充する場所もまた変わってくるというわけなのです。良い方角へ行くと良いことがある、というのは、自分にとって有益になるプラスのエネルギーを補充したために自分の持つプラスのエネルギーが何倍にもなり、やる事なす事すべてがプラス〈正〉の現象となって表れるということなのです。

その反対に、自分の素子（霊）が放ったエネルギーとまったく相容《あいい》れない種類の気を誤《あやま》って補充した場合は、すべて自分にとってマイナスの現象が表れてくるのです。自分の素子自体にマイナスの放射能を当てて汚染してしまうということです。そうすると、すべてやる事なす事が自分にとってマイナス〈負〉になってしまうのです。これを悪い方角に行ったから悪いことが起こったというのです。

わかりやすくいいますと、毒ガスが噴出している場所に行って、それを思いきり吸ってしまったのと同じだということです。その毒ガスの効き目がすぐに表れて即死する場合と、徐々に効いてきて次第に衰弱して死ぬという場合と、病気で長患《ながわずら》いを続けるようになるという場合があります。こういうのを〈本命殺《ほんめいさつ》〉とか〈暗剣殺《あんけんさつ》〉とか〈五黄殺《ごおうさつ》〉とか呼んでいます。こういうのは、ありがたくない現象ですから、なるべくやらないようにしたほうがよいのです。

かつて、ある作家さんが自分の思い入れのあった町に大きなマンションを建てました。東京にマンションがたくさん出来はじめた最初の頃です。

そこにはその作家さんの一家も住んでいらしたのですが、まず奥さんが亡くなり、ご本人が亡くなり、息子さんが癌《ガン》で死んで、その弟や妹は麻薬で捕まってしまいました。

その他にも俳優や女優、どなたも有名な方ですが、そこに住むとどんどん亡くなってゆくのです。その時は大丈夫でも、後から自殺した方もいます。私が直接知っている以外にもずいぶん亡くなっているようです。とにかく、そのマンションに住んだ人はみんな死んでいるのです。

そういう場所があるのです。土地の磁場の問題だと思うのですが、マイナスの気が満ちているのです。バミューダ諸島の近くの〈魔の三角地帯〉と同じなのです。熊本の阿蘇山にも磁石が狂ってグルグル回りだすところがありますが、そういう場所は人間が住んではいけないところなのです。そのマンションも、マイナスの磁気しか出ていないのではないかと思います。

何をやっても、どんな商売をしても、上手《うま》くいかない土地というのがあります。いくら科学が進んだといっても、マイナスの磁場が強い場所、そういう場所の磁場を調整する機械というものはまだありません。そういうものが出来れば、どこにでも住めるようになるのですが、ないとなれば、引っ越しなどをする際には、その土地のことをよく調べなければならないということになります。

ただし自分にとって良い磁気が受けられる場所にはどんどん行って補給したほうがよいでしょう。ポパイのほうれん草ではありませんが、自分の素子（霊）のエネルギーだけで人生を戦うよりも、それらの力を充電して戦ったほうが千人力の効果があるからです。ガソリンがなければ車は走らないのと同じです。せいぜいガス欠にならないようにすることが大事だと思います。

私は若い頃、最悪・最凶といわれた方角へ二度行ったことがあります。それはまだ私が気学を信じていなかったために、敢《あ》えて挑戦するという意味もありました。自分の運の強さのほうを頼みにしていましたし、そんな方位はありえないと思っていたのです。そうすると本当に言われた通りの現象が他動的に起こり始めました。買った株が下落したり、私に映画を撮らせてくれるというプロダクションが倒産したり、いろんな悪いことが起き出しました。そして一度スターダムに登りつめたけれど、またどん底に落ちてしまったのです。そういったことを体験して、ようやく、そういうこともあるのかと受け入れ始めたわけです。

だいたい、運の悪い人、不幸な人は、方位学・気学をバカにしていますし、家の中もただ合理的であればいい、住めればいいと、片付けもせず汚いまんま、着るものもほとんど黒かグレー、乗っている車も灰色。身の回りのものに無頓着で、汚い色や形、そういうものに囲まれている人は、現象面でそういう〈汚さ〉が現れてくるのです。男にも女にもモテず、対人関係は上手《うま》くいかず、孤独で、仕事は大したことなく、いつも陰気で憂鬱《ゆううつ》、不安に苛《さいな》まれてオドオド、焦燥《しょうそう》でイライラ、という状況になる、ということです。

そして自分で原因がわかっていないのです。身の回りが、まさに、そういう気持ちになるような事物・事象に囲まれているということに気付かないのです。住まいも服装もそういうもので、音楽やテレビドラマも、縁起の悪いもの、禍々《まがまが》しいもの、やかましい、騒々しい、悪意、妬《ねた》み、嫉《そね》み、僻《ひが》みに満ちた情報ばかりを見聞きして、読むものもそういう悪意に満ちた週刊誌ばかり読んでいる人。そういう人はどんどん不幸を呼んでいるのです。全部マイナスのものに取り囲まれているのですから。それに気付かないということがいちばん恐ろしいのです。気付かなければ直しようがないのです。

郷里をいちばん悪い時期に離れて、悪い方角へ行ってしまったら、年を重ねるごとに運が悪くなっていきます。それを途中でくい止めて良くしていくには、自分にとって良い方角へ行くようにするのです。たとえば方角の良いところへ三泊四日で行ってくる。それを何度か繰り返すと、即効力があるでしょう。

つい近所で交通事故に遭ったとか、旅行をして帰ってきたら病気になったとか、旅先でケンカしたとか、仕事をしくじったとか失敗したとか、そういったときには、方位学の上では年・月・日・時間、つまり〈年の方角〉と〈月の方角〉と〈日にちの方角〉と〈時間の方角〉とが関係しているのです。距離によって違うということです。「ついご近所まで」というのは時間の方位、そして、少し距離が離れて、四キロ以上離れていくと、今度はその日の、要するに日にちの方位になります。今度は東京を離れて大阪など大きな距離を移動すると月の方角になる。距離が伸びれば伸びるほど単位が伸びていくのです。外国旅行などは〈年〉と〈月〉が関係してくるのです。年と月が悪いときにそっちの方角へ行くと、行った先でもし何事もなければ、今度は帰ってきたあとで悪い現象が起き始めます。

ですから、日常生活の中で起きるケンカ、病気、事故、トラブル、そういったものは方位と気学のかかわりが大きい現象なのです。しかしあんまりそれに振り回されてはいけないけれども、知識として頭に入れておけば、驚きあわてないで済むし、逆に悪い現象が出ないうちにいい方角へ行って、プラス・マイナス・ゼロにする。ゼロになったらもう一度良い方角へ旅行する。そうすれば、いい現象が起きるようになる。それは日常の心得として頭に入れておいたほうがよいでしょう。

方位学だけではなく、住んでいる家の環境もなるべく良いエネルギーが派生するような状態にしておいたほうがよいでしょう。そのために家相とかいろいろありますが、今の世の中、マンションとか建て売りとか、家相が百パーセント完全なところに住むのは無理な話です。ですからそのマイナス〈負〉をいかに最小限度にくい止めるかということです。植木を置いてみたり、色のバランス、黒っぽいものとか、ドブネズミ色や灰色の汚い色とか、暗いものを置かないということです。

そして着るものも、暗っぽいものや黒いものを着るときは、何か反対の色の、プラス〈正〉のほうの美しい、優しい色を必ず使うようにしてください。明るい色のものをなるべく四六時中、家の中にも、自分の着るものにも用いるようにするのです。そうすると運が向いてきます。

家の中に、サボテンや観葉植物を置いたりします。命のあるものはそれぞれ全部心があります。汚い言葉で罵《ののし》ったりすると枯れてしまうし、わめき散らすような唄や騒がしい汚い音楽、汚い音、ノイズを聞かせても枯れてしまって色褪《いろあ》せる。人間の細胞もそうなのです。家庭でも仕事上でも、毎日生活している環境の中で、実験室のサボテンと同じような状態で、汚い言葉で罵られ続けて、悪口ばかり言われて、つまりマイナス〈負〉の気を受け続けている人は、顔も醜《みにく》くなるし、病気にもなるし、暗くなるし、どんどん醜い顔になっていく。ところが、たとえ生まれつき醜い顔の人でも、褒《ほ》められたり、いい音楽を聴いたり、いい音を細胞の中に音波で流し続けると、どんどんきれいな顔になって、肌もきれいになり、健康になっていくのです。

健康に、美しく、運よく生きていくには、そういうたくさんの条件をクリアしなければなりません。そして〈決して諦《あきら》めない〉ということです。

以上申し述べてきました四項目を活用し、前述の念じ続ける集中力、持続力をフル回転させるのが運をつけるということです。

後は本人の〈勤勉〉と〈努力〉と〈人柄〉です。

この全部を結合させたものが〈運命の力〉なのです。

さあ、運をつけ運を動かし運命を切り開くのはあなた次第です。

「いやぁ、そんなに大変ならやめたぁ」とおっしゃる方もいらっしゃるかもしれません。それならそれで結構です。それはあなたのご自由なのですから。その代わり、不平不満や愚痴を一生言い続けなければならないでしょう。首一つ人々より上に出そうと思うなら、人の二倍は努力が必要なのです。楽をしながら好い目をみたいなぞとは虫が良すぎます。

人生はちゃんと最後には帳尻が合うようにできているのです。

良くなるためのヒント

職業上、黒い服装や目立たない服装をしなければならない時や、喪服を着なければならない時は、真っ赤な下着を着るとよいでしょう。ランニングもパンツも、真っ赤なものを着込んでおくのです。白ではプラスにはなりません。中和させる程度の色なのです。赤とかオレンジとか黄色とか、濃いピンクや真っ赤なものというふうに、生命力の色を着るようにすることです。

暦《こよみ》を見て、悪い方角へ行くという時、また、何かそこへ行きたくないと思うような時があります。人間は本能で嗅《か》ぎ分ける力を持っていますから、危険なところへは行きたくないと思うものです。そういう時にも、なるべく赤いものを着て下さい。セーターでも何でも、全身赤づくめでも、郵便ポストだと言われてもかまいません。昔の駕籠《かご》かきのような肉体労働者は白いふんどしではなく、赤いふんどしをしていました。また、お女郎さんとか芸者とか、下半身で稼いでる女の人たちは赤い腰巻と決まっていたのです。御殿女中などは白とか青磁《せいじ》色の、品のいい腰巻きをしていましたが、女郎衆のような肉体労働の女たちは必ず真っ赤な腰巻きをしていたのです。長襦袢《ながじゅばん》も緋《ひ》の長襦袢でした。これはおしゃれではなく、身を守るために着ていたのです。そういうことも生活の方便として使ったほうがいいでしょう。

お財布は、私の何十年の経験ではゴールドかイエローです。財布はこれに限ります。ほかの色ではダメです。皆さん、おカネに不自由したくないと思うのだったら、趣味がいいとか悪いとかそんな問題ではないですから、どんなブランドでもよいから、財布は金色のものをお買いになることです。また、家の中でも、磁石で方位を見て、西の方角のところは黄色い布を貼ったり、黄色の花を置くとよいでしょう。金色のものや黄色いものを置くようにするのです。

女の人はダイヤやいろいろな宝石を欲しがりますが、宝石類・装身具は様々な〈念力・パワー〉が蓄電池のように入っています。それにプラスのエネルギーが蓄電されているときはよいけれど、マイナスのものが蓄電されている場合も結構多いのです。その場合はいったんそれをプラス・マイナス・ゼロにしないと大変なのです。ですから、みだりに欲しがったり、身分不相応なものを買うと、かえって運が悪くなります。

それから、家の中で一か所、赤とか黄色のものを置くといいでしょう。おめでたい金と赤のものを、何でもいいからお部屋の中のどこかに置くようにするのです。中国では家や商店などの入り口は赤と金ばかりです。あれは〈風水〉なのです。提灯《ちょうちん》や軒先《のきさき》へ吊《つる》す魔除《まよ》けや鏡など、中国はみんな赤と金色です。平安神宮ではないけれど、日本もそれを倣《なら》っていたわけです。神社などでもそういう色彩を使っています。それにはちゃんと理由があるわけです。外国の王宮でも、贅《ぜい》を尽《つ》くして文化の隆盛を極めたようなところはたいていキンキラキンの色彩です。それは綺麗で豪華だからというだけじゃなくて、風水でもあるのです。

ですから、〈わび・さび〉も、それは確かに風情《ふぜい》があって落ちついてよいけれど、元気に働く人は〈わび・さび〉はやめたほうがいいと思います。生命力がなくなります。やる気がなく、ただボーッと西の方を眺めながら、座ってお茶でも飲んでいるといいうご隠居さんにはいいでしょうけれど、バリバリ働いていろんなことをやって、新しい発見をして、「ようし、やるぞ」というふうに生きたいと思う方には、わび・さびのお住まいは向きません。お召し物もそういうものにすると若年寄りみたいになってしまいます。

今、日本はダイエットブームで、痩《や》せた人や小顔の人、男も女もそうなってきていますが、それは、どっちを選ぶかということです。すなわち、経済的に豊かな人相になるか、貧乏神になるかの選択ということなのです。痩せてほっそりして頬《ほお》がこけていて首がひょろっと長い、そういう人はどんどんおカネに困るようになります。働いても働いても経済的に豊かになりません。

七福神を見ても、布袋《ほてい》さんにしても大黒さん、恵比寿さん、みんなおデブちゃんです。貧乏神に太ってるのはいません。おデブちゃんで貧乏してる人もいるけれど、そういう人は手入れがゆき届いていないのです、肌もアカだらけで真っ黒け。そういう不潔な人は運が悪くなります。太っていても、自分の体をよく手入れして、清潔にして磨きこんでいないといけません。頬も豊頬《ほうきょう》と言って、ちょっとふっくらしているほうが良いのです。体も、痩せ型でスラリとしているのは見た目もカッコいいですし、お洋服も似合いますが、金運は悪くなります。ですから、ほどほどということが肝心です。うんと痩せていてカリカリの人というのは生活が安定しません。

以前より太った、ふっくらとした人は比較してみて下さい。カリカリ痩せていた時のいろんな事象、対人関係、仕事、生活、金銭的なもの、生活全般を全部分析してみるのです。金銭的なものはこう、対人関係はこう、恋愛関係はこう、肉体的なものはこう、精神的なものはこうというふうに、項目を一つ一つ設《もう》けて、痩せていた時と、太った時との比較をしてみるのです。
そして、どっちをとるかということです。「カッコいいほうがいいや」と思い、細く痩せる。それは確かにカッコいい。しかし運は下がってきて、マイナス思考になる。いろいろなことがマイナスになるのです。運が悪くても、孤独でも貧乏してもスタイルが良くて痩せているほうがいいという人はそちらを選べばよいのです。ですから、ダイエットなさるのは結構ですけれど、そういったことを覚悟の上で、どうぞなさいまし、ということです。

また、九星気学で気をつけなければいけないのは、占いの流派によって暦の日の方角の見方に違いがあるということです。年と月はどこも同じですが、日にちの見方が違う暦があります。どちらを信じたらよいのか、ちょっと困ってしまいます。その場合は、現象で出たもののデータを自分でとってみて下さい。たとえば、一方の暦では一白水星《いっぱくすいせい》となっているとします。つまり水です。ですから、出先で出された飲み物に関して、何か特別な事件があったり、気付くことがあったりします。または性病やセックスの話が出たりします。そういう事があれば、これは一白の方角に来ているなということがわかります。ところが水にはいっさい関係なく、いきなりお肉が出てきたり、あるいはカニやエビなどの色の華やかな海鮮食品や、彩りの豊かなお料理が出たり、お化粧をした中年の女の人が出てきたり、映画の話や舞台の話が出たり、お芝居に誘われたり、またはランプや蠟燭《ろうそく》を買うなど、そういうことが起きたとすると、これは一白ではなく九紫《きゅうし》火星《かせい》の方向に来ているんだなということがわかります。起きた出来事で判断するということです。

こちらの暦では西南に九紫火星の星とあり、違う暦では二黒《じこく》土星《どせい》とある。そちらの方角に出かけた際に、粗末な食べ物や駄菓子を出されたり、ヨイトマケのおばさんと会ったり、行ってみたら留守だったり、話の内容が庶民的なものだったり、そういう場所であったりすると、それは確かに二黒の表す意味のことですから、二黒《じこく》の方角だとわかります。しかし、その際、華やかなものに縁があったりすると、これは二黒の方角ではなく、九紫の方角なのだということです。そういうことを自分で確かめながら経験を積んでゆくわけです。そうするとどちらの暦が正しいかがわかるようになります。

〈気学・方位学〉では、東西南北のほか、東南や西南なども含む八つの方角で見るのですが、たとえば同じ東でも、今日は良い方位であっても、明日は悪いということがあります。それは日によってその方位にいる星が変わってゆくからなのです。今日良かったから明日も良いというわけにはいきません。

明治初期までの庶民は、暦を見て、今日はこちらへ行きたいけれどもそれは私にとって悪い方角だから、いったん良い方角へ行き、そこに四十分なり一時間過ごしてから改めて目的地まで行くということをやっていました。それを〈方違《かたたが》え〉といい、日常茶飯事《にちじょうさはんじ》にしていたのです。

病院を選ぶときも、なるべく自分の家からそこへ行くときの方角をきちんと見て、どちらの方角の病院が良いかを前もって調べたほうがよいでしょう。

厄年《やくどし》とか衰運といわれている年回りは、打って出てバリバリやろうとしても、必ず足を引っ張られるようなことが起きたり、うまくいかなかったり、ジタバタしないほうがよかった、じっとしていたほうがよかったということが多いものです。そういったときは無駄な抵抗をしないで、風が通り過ぎるまで背を低くしてやり過ごすことです。それはただじーっと盛運になるまで待っている、というわけではなく、外へ出ても扉が開かないときは内へ向かえ、ということなのです。そういうときに品ぞろえをしておく、内へ向かって自分が充実することに専念すればよいのです。

そしていざ盛運になって、パッと門を開いて外へ打って出て「さあ、大売り出しですよ」となった時に、売り出す品物がいっぱいストックしてあれば商売大繁盛です。ところが、ただ冬眠してやり過ごして、何もしなくて寝っころがっているだけだったなら、門を開いてお客さんが来たときに、在庫がない、売るものがない、という状態になってしまいます。

それは知識や技術、教養や人格などを、戦闘体制に向かって、いつでもできるように準備をしておくということです。ガソリンも食糧も貯蔵しておくのです。そういう〈貯蔵する〉という期間なのです。すると、衰運とか凶運・厄年というものはなくなるのです。衰運や厄年ではなく、内に向かう年というふうに考えるわけです。盛運になったら、「はい、これは外へ向かう年です」というふうに意識を変えるようにして下さい。

厄年といわれるときには実際に何かがあります。大事なものをなくしたりすることもあります。それは命と引き換えなのです。お財布を落としたり、お金をなくしたり、そういった現象を〈厄落とし〉と言い、実は大怪我をするところをおカネを落としたために逃れられたということです。厄年の時には必ずそういうことがあります。それは承知しておいたほうがよいでしょう。そうすると後悔しなくて済みますから。「なるほど、これで厄が落ちたから、プラス・マイナス・ゼロだ。もう悪いことは起きない」と考えるわけです。厄年に限って必ずそういうことが起きます。「これは命拾いだな」と思うわけです。ですから厄年の時は、自分が打って出てあまり派手に動き回らないほうが良いのです。

ですから、前もって良い方位をとり、良い運をストックしておくということは大事なのです。悪い年回りのときも良い方角というのはありますから、そういったところへ三泊四日で行ってみて下さい。それでやって来る大難を小難にすることはできます。それは生活の知恵なのです。

あっちの神様こっちの神様と拝み倒して歩く人がいますが、そういうことをすると、上のほうの神様は話がわかってるからそんなことはないけれど、下《した》っ端《ぱ》の使い走りの愚連隊の兵隊連中が縄張り争いをします。そうするとなまじ拝みに行かないほうがよかったという羽目になります。下っ端同士の内乱が始まるからシッチャカメッチャカになるのです。それを〝触《さわ》らぬ神《かみ》に祟《たた》りなし〟といいます。

そして、新興ホヤホヤの神社等へはあまり行かないほうが賢明です。歴史的に見てもそうなのです。恐ろしい神社もあるのです。実際に、お化けを見て女性のタレントが発狂した事件があった場所もあります。祀《まつ》られているのがただの人間であったり、磁場が悪いなどの要因が重なっているのです。そういうことをきちんと調べた上でお詣《まい》りなさったほうがよろしいと思います。

対人関係において、いろいろな占いや気学などで相性がいいとか悪いとかを判断されることもあるでしょう。しかし、いくら星で見て相性が良い人でも結局言えることは〈心〉です。

人との縁というものがあるのです。九星術で相性が悪くても、心のきれいな人だったらどんな人とでも良い相性になります。星が悪いといわれても、結構長続きしてお互いに幸せになっている人もいます。また、九星術でいくと相性星だけれども、付き合うことによってどんどんお互いに不幸になっている人もいます。それは心がけが悪いからなのです。根性が悪い、性格が悪い。ですから占いや九星術と自分や相手の心がけを一緒にしないほうがよいでしょう。

たとえば私は九星でみると二黒土星《じこくどせい》ですが、これは縁の下の力持ちの役目です。畑の肥やしになる土なのです。そういう人が三碧木星《さんぺきもくせい》とか四緑木星《しろくもくせい》の人と付き合うと、自分が犠牲になり栄養を吸い取られて、相手の木を育てていくことになります。そういう役回りに自然とさせられてしまうのです。

しかし、それを知ってさえいれば、文句を言わなくてすみます。「ああ、これは二黒と三碧・四緑の関係だから」ということで、自然の摂理《せつり》だということで納得し、解決するのです。

私は年回りは二黒でも、月回りは八白土星《はっぱくどせい》です。八白は贅沢《ぜいたく》なもの、高級なものという意味があって、欲張りということもあります。八白土星は人の犠牲になったり縁の下の力持ちになったりすることはしないわけです。

私はその両方を持っているから、たとえば高級なものを買ってくると、それが必ずだれかに割られるか傷つけられるかしてしまうのです。つまり二黒土星の人はそんないいものを持ってはいけないのです。

私の作った、『ヨイトマケの唄』がヒットしました。それは私が二黒土星だからなのです。大地のような母、縁の下の力持ちのような星を私が持っているから、『ヨイトマケの唄』を作詞・作曲してそれがヒットしたわけです。

芸能界だけではなく、いろんな若い人たちにアドバイスして、そして世に送り出したりいろんなことをするというのは、これは私の持って生まれた二黒土星の星がそうだからなのです。ですから、星に逆らわなければよいのです。

そういう意味で、自分を知って自分の役目を知っていると楽です。これは迷信でもなんでもありません。あくまでもデータなのです。

たとえば、一白水星の人は、水商売に向いていて、バーか酒屋さんに勤めたり、酒造会社に行ったほうがいいわけです。

二黒土星は、若いうちはいくら努力して勉強しても、教養知識いろんなものを身につけても、何の効力もなく花も咲きません。お金も右から左へ出ていき、貧乏で、惨《みじ》めな思いをして、何の報いもないのです。だけど、晩年になればなるほどあらゆる面で良くなってゆきます。

三碧木星・四緑木星は、なるべく若いうちに一生懸命働いたりいろんなことをやって将来に備えての地固めをしておかなければいけないという星です。若いうちに遊んでばかりいて何の努力もしない、仕事もしない、勉強もしないと、年を取ってからホームレスになるか乞食になるか、という事態になります。

六白金星《ろっぱくきんせい》は誇り高くて頑固で「自分は王者であるぞ」という性質ですから、水商売をやっても絶対失敗するし上手《うま》くいきません。固い仕事のほうがよろしい。

七赤金星《しちせききんせい》の女の人は口に関係のある職業、歌い手やホステス、飲食関係など。手八丁口八丁ですから外回りの外交をやったり水商売も向いています。それでお客さまを騙《だま》してみたり、と、そっちのほうが向いているわけです。

五黄土星《ごおうどせい》や、九紫火星《きゅうしかせい》の方も、それぞれ向き不向きがありますから、一度調べてみるとよいでしょう。

人間は生まれた時の星（磁気エネルギーの影響）によって人生のだいたいのアウトラインが決まっています。それを知るために気学・方位学や四柱推命などは常識程度に知っておきなさい、と申し上げたいのです。自分の生き方や方向性が青写真のように読み取れますから、生きていくのが楽なのです。

それに振り回されてはいけないけれど、あくまでも参考にしていくとよいのです。一家のお父さんやお母さんが子供たちにそれを教えてゆくというふうに。親も自分の子供たちの星が何だかわかると、この子はこういうふうに生きていけばよろしい、この子はこういうふうに、私はこういうふうに、と。そうすると家族中が進む方角が見えてきます。

とにかく昔から良いと言われたことはやってみる価値はあるということです。あくまでも経験から出ているわけですから。

神様は世の中にそういうヒントをいっぱい与えてくれているのです。「気がつけよ」と言ってくれています。ところが馬鹿な科学者の連中が「そんなことは現代の世の中であり得ない」と言います。知識人ぶって、頭のいい人ぶった似非《エセ》知識人たちが否定するのです。しかし、そう言っている自分たちこそが間違った道を歩いているのです。

また、対人関係の注意点をもう一つ申し上げますと、占いの相性とはかかわりなく、本人自身が非常に〈マイナス〉の気の強い人がいます。本人だけは活々《いきいき》としてエネルギッシュで、一見〈プラス〉の気のように見えるけれど実はマイナスの塊りのような人です。ある芸能人や政治家などですが、その人たちに関わったりお付き合いをしたりすると、必ずえらいトラブルに巻き込まれたり、事故に遭ったり、破産したり、落ちぶれたり、命を絶たれたりする、そういう恐ろしい因縁を持ってる人がいるのです。ですから、その人のたどって来た人生や出来事、それにかかわった人々の歴史を見て、その人の周りが出世した人や、良くなった人ばかりであればいいけれど、その人の周りで変死したり、ロクなことがなくて運勢がどんどん下がっていった人たちがいたら、よく調べた上で、そういう人とはお付き合いをしないことです。安易に近づくと、恐ろしい結果になるでしょう。

日本の磁気エネルギー

ところで、日本という国は全体的にたいへん良い磁気エネルギーを持っているると思います。庶民の見識も、いろいろな有識者と称する人たちが思っているよりも先を行っていると思うのです。最近のことですが、テレビで「世界でいちばん危険な人物」というのをやっていました。アンケートの結果は一位が金正日、二位がジョージ・W・ブッシュ、三位がサダム・フセイン。フセインが二位かと思っていたら、ちゃんとブッシュが二位に入っているのです。フセインよりも危険だと日本人は思っているのです。日本人もまんざらではありません。石油の利権や軍需産業の絡《から》みで、ブッシュが大統領になるということは、すなわち戦争が起こるということだったのです。彼は武器商人の手先ですから。

まさか本人も、日本では自分が危険な人物の二位でフセインよりもヤバイと思われているなんて夢にも思わないでしょう。日本の庶民はまだ健全です。アメリカはケネディ大統領の暗殺事件などを見てもわかる通り、一部の人間の利権のために平気で人を殺してきました。それが大統領だろうが何だろうが関係ないのです。リンカーンやケネディなどの大統領が暗殺されている恐ろしい国なのです。

外国人が日本にやって来て、その来たばかりの頃の外国人は猛々《たけだけ》しく闘争的で、非常に禍々《まがまが》しく感じる人でも、日本に長くいると、だんだん穏やかで優しい人になってくるのです。私は何人もの欧米人が日本に来てから丸く変わってゆく様子をいろいろと見てきました。本当に不思議に変わってゆくのです。黒船で来航したペリーも、日本人の本質を見抜いていました。謹厳実直《きんげんじっちょく》で、頭が良く、正直な人間が多いということを言っているのです。だから、西洋の文明を手に入れたら、将来もの凄い国民になるだろうと。

やはり、それは土地のエネルギーが穏やかなせいなのです。そして、そこで育った食物を食べているからでしょう。猛々しい国で育った、その土地の特質を持った食べ物を食べるとやっぱり猛々しく凶暴になってゆくし、細胞も変わってしまうと思うのです。

日本の国土の体質には、偉大な母性みたいなものがあります。男も来い、女も来い、外国人も来い、みんな来い、来い、と懐《ふところ》の中へ抱きかかえるようなエネルギーを持ってるように感じます。中国の文化から始まって、西洋文化から何から何まで全部食べてしまい、どこの国だかわからないような〈雑種文化〉を〈日本文化〉として作り上げている。それはやはり土地のエネルギーがそういう体質を持っていると考えざるを得ません。言語、服装、食べ物、建築物、すべてにおいて、〈和洋中混交〉なのです。

ですから、明治時代に当時の政府が行った、〈廃仏毀釈《はいぶつきしゃく》〉という蛮行《ばんこう》は、本当に日本の国情、土地のエネルギーの事を考えない行為だったのです。当時の政府が自分たちの都合だけで王政復古という名目のために、何百年も混ざり合っていた神道と仏教を無理矢理引き裂いてしまった。その中で消えていった文化財や風習は二度と取り戻すことができなくなってしまいました。

寺院というものは中国の方式で造られていますから、塀がめぐらされています。内と外の区別をはっきりさせてあります。ですが、神社には塀がなかったのです。玉垣があるくらいです。林や森の中にあり、まさしく融通無碍《ゆうづうむげ》だったのです。だれでも、どこからでも出入りできるというその神社のあり方が日本を象徴していると思います。

日本という国は、各家庭の台所にある食器の種類といい、着るものの種類といい、文化の混ざり合いの具合といい、何もかもがデパートの食堂と同じ〈なんでもあり〉なのです。

ですから、生きる上のことでも、現実的な対処のしかたや努力というものと同時に、霊的なもの、信仰、生命判断、気学・風水といったものに含まれる、着るものや住まい・インテリアの色彩の波動、音楽の波動、言葉遣《ことばづか》いなど、あらゆるものを網羅《もうら》し、総動員して活用すればよいのです。私はそういうことをずっと言ってきたのです。

すべてが霊のせいではない

以前、ある会社を経営している四十代の男性から相談を受けたことがあります。順調だった事業が些細《ささい》な出来事を境に下降線をたどりはじめて、悪いことがどんどん重なっていったそうです。ある同業者から「それは霊障だから、除霊したほうがいい」と言われて、霊能者を紹介され、やれキツネの霊が、人霊が、と言われて除霊に数十万円かかったそうです。その人は信じていたわけでもないのに、それ以来何かうまくいかないことがあると不安にかられ、すぐ霊能者のところへ駆け込んで、お金をたくさんふんだくられているということでした。そして、「こういうことをしていると何か害があるのでしょうか」という相談なのです。

害はあります。当たり前でしょう。霊障を取り除くのに何十万円も取られたのですから、それ自体が害です。そういう法外なお金をとるのはだいたいニセ者が多いのです。大金を要求されたら、まずニセ者と思って間違いありません。私もずいぶん武者修行をしてよく知っていますが、世の中の霊能者や易者と呼ばれる人の九十九パーセントはニセ者です。背後に暴力団がついていることさえあります。残りの一パーセントの、本物の霊能者や易者に会うのはなかなかむずかしいことですが、縁があればそれは会うことができるでしょう。

それよりも何よりも、「あれも因縁、これも因縁、自分が万年筆を落としても因縁、石につまずいても因縁」と、何でもかんでも因縁や霊のせいにしてはいけません。偶然と迷信と因縁とを一緒くたに考えてはダメなのです。

実際に、霊というものは、誰にでも相当数ついているものですし、一人の人間が動けば、八百の霊が動くといわれているくらいですから、先祖の霊をはじめ、いろいろな霊を背負っていてあたりまえ、背負っていない人などこの世には存在しないのです。

ただし、その霊が悪いイタズラをする場合もあり、守護霊となって守ってくれる場合もある。守護霊というのは、その人の祖先が守ってくれているもので、守護神とは、ご縁のある神さま、何らかの因縁を持った神さまのことです。守護霊が凄い修行を積んで、守護神にまでなったものもありますし、それはいろんなケースがあるわけです。

ですから、「悪い霊に取り憑《つ》かれた」と騒ぐ前に、守護神や守護霊のパワーをいただけばよいわけです。霊現象ならば浄霊より、まず先祖参りをして、先祖のお墓をキチンとして、供養を正しく行うこと、それだけで十分です。あっちの易者、こっちの霊能者、あっちの神様、こっちの神様、と拝んで拝み倒して歩いていると、逆におかしな霊をくっつけてくることになります。

昔から〝触《さわ》らぬ神《かみ》に祟《たた》りなし〟と言うけれど、まさしくその通りです。なるべくかかわりをもたないほうが賢明なのです。それよりも、自分を守ってくれるご先祖さまの供養をしっかりする、ということが大切です。

会社の経営がうまくいかなくなったからといって、それを〈因縁《いんねん》〉、霊のせいとだけ考えるのはいけません。因縁にふりまわされて、何もかもダメにしてしまった人もいますから。それよりも、時代を見る目が大切なのです。世の中の風潮、時代のニーズ、それが変わってきているのに、その変化に順応できないのが四十代です。三十代まではどうにか、世の移り変わり、流行、そういうものに敏感であったり、適応したりすることがまあまあ可能ですが、四十代になると、自分の経験にとらわれ出します。だから、経験のない十代、二十代の前半が世の中をキャッチして順応するのが早いのです。二十代の後半から、だんだん鈍《にぶ》ってきて、三十代はその延長線上でなんとか馬力でついていく。ところが四十代になると、新しい動きとか、新しい血とか、〈新しいもの〉そのものが見えなくなるし、保守にまわり、新しいものを受け付けない体質になってきます。それがいちばん怖いのです。老化現象の始まりで、それで時代にとり残されていく。それが事業に影響してくる、ということです。ですから、自分が十代、二十代だったころの感覚、時代を先取りする、遅れまいとするセンスを持って努力する人は、四十代になっても事業を失敗するようなことにはならないのです。四十代というのは、ですからいちばん大切なときなのです。

それから、人生というものは、どんな人にでも、どんなに扉を叩いても〈開かない時期〉というものがあるのです。それは、バイオリズムみたいなものなのです。そんなときはジタバタしてもダメ。事業を拡張しようとか、外へ向かって発展させようとかしないで内へ向かうことです。充電の時期と考えて、自分にとっての新しい勉強、会社にとっての新しい勉強、商品開発、システムをとり入れることです。打って出るより、蓄える時期です。内容を太らせる時期なのです。人生においても、会社経営においても、何もかもがうまくいかない時期というのが必ずある、ということをまずふまえることです。

それは霊のせいではなく、世の中のニーズに応えていないために起こる現象と割り切って、仕入れ商品や新製品の開発方法、販売方法を、もう一度研究してみる必要があります。自分の都合のいいようにすべてを霊のせいにして執着し、煩《ぼん》悩《のう》にあおられて霊能者をたずねることをくり返せば、逆に迷いが生じ、現象の本質をとらえることができなくなり、よけいに悪い方向へと転がり落ちるだけのこと。日々の生活に感謝し、先祖に感謝しながら供養をしっかりと行うだけで、霊の作用を恐れることはなくなります。すべてが発展の方向へと行くはずです。

それから、商売繁盛のお札やお守りをあっちこっちの神様から受けてこないことです。神様といっても格が高ければ問題はないのですが、格が低いと人間世界と同じで、縄張り争いも派閥争いもあるのです。神様の雑居ビルみたいに神棚にあちこちの神様が入っていると、逆に災いの種になりますから、きちんとお詫びして、おのおのの神社にお返ししてください。商売がうまくいかないのは神様のせいではなく、自分のせいなのですから。

ほほえみを取り戻すキーワード

人間というのは元来、霊的な能力を持っています。どなたにでも守護神や背後霊がいて、ご先祖のいない人はこの世にいませんから、とにかくお願いをして、守護してもらうようにするのです。

ほとんどの人が錯覚を起こしているのですが、先祖といっても本当に狭い部分の人たちだけを先祖だと思い込んでいる。それは大間違いなのです。お父さんの両親、さらにその両親というふうに遡《さかのぼ》ると、たくさんの人が先祖となってくれているのだ、ということがわかります。母方にも同様にいるわけですから、本当にもの凄い数の人たちの血や細胞や、喜怒哀楽のいろいろな思いが一人の人間の中に入っているわけです。そして、その中には良いものもあれば悪いものも混在していますから、その中の良いものだけの力を貸してもらうということが大事です。清い川を清い水が流れるように、自分が美しい想念を持つようにしなければならないのです。けれども美しい心というものは、なかなか保てないのです。それを保つにはどうしたらよいのでしょうか?

お題目やお念仏、祈りの言葉など、いろいろな宗教にそれぞれの言葉がありま す。それは何のためにあるのかというと、そういう美しい心を保つためなのです。先ほど申し上げた「南無妙法蓮華経」や「南無阿弥陀仏」、「アヴェ・マリア」など、いろいろご宗旨もありましょうから、そういうキーワードを一つ持つことが大事なのです。このキーワードというのは、つまり、ほほえみを取り戻すキーワードなのです。

超能力を開発するなどと世の中では言ったりしますが、超能力などと言うからおかしいのです。それは誰にでも出来ることなのです。能力を超えたものなどという言い方をするので、みんな自分はダメだと思ってしまう。そうではなく、霊的な能力というものは、ごはんを食べたりするのと同様に、どなたも授かっている能力なのです。ですから、ピアノの練習と同じように、毎日毎日やっていれば、その能力が開発されるということです。

「南無妙法蓮華経」という言葉は〈振り子〉なのです。ピアノの練習で使うメトロノームと同じだと思うのです。ワルツです。「南無妙法蓮華経、南無妙法蓮華経、南無妙法蓮華経……」と言いながら、からだの力をスーッと抜いていって、頭の中に五色の雲の中に自分がフワッと座っているようなイメージを思い浮かべてください。それから天から金のやわらかい光や美しい花びらが落ちてきて、いい音楽が聞こえてきて、馥郁《ふくいく》とした匂いがただよってくるというふうに思い浮かべればいいのです。それを助けるために、自分の好きな香りのお線香を焚《た》いてもよいでしょう。そういう状態で、「南無阿弥陀仏」でも「南無妙法蓮華経」でもよいですし、神道なら祝詞《のりと》でもいい、とにかく自分の好きなキーワードを唱えるわけです。

そういうことをいつもしていれば、たとえば街を歩いていてカッとすることがあっても、それから渋滞の中で車を運転してイライラして、「バカヤロー!」なんて言いたくなっても、ハッと「南無妙法蓮華経、南無妙法蓮華経……」というふうに余裕が出てくる。人間というのは、習慣づければそういうことができるようになるのです。ご主人がなかなか帰ってこないので、イライラしているような時もそうです。「どこへ行っていたのよ！」と言いたくなるのをがまんして、「南無妙法蓮華経、南無妙法蓮華経……」とやる。するとフワッとしたいい気分になってきて、『この人が浮気をしてたとしても、本当にモテるわけもないんだから、たまには心のリハビリでいいんじゃないの』と思えるようになります。それで「お帰りなさい、ご苦労さまでした。お風呂が沸いているわよ」と言っていればいいのです。

会社でもそうです。自分はずっと働いてきたのに、あとから入った部下のほうがどんどん栄転してしまって、自分はいつ左遷されるかわからないし、下積みのままで終わるかもわからない。そして年下の連中にこき使われるかもしれないという不安があっても、『死ぬわけじゃない』というふうに考えて、「南無妙法蓮華経、南無妙法蓮華経……」と言っていれば、フワッとした気分になれて、どうってことないというふうに思えてきます。

お題目とかお念仏というものは、そういう使い方をなさるととても便利です。便利というと怒られますが、そのために神様がくださったと思うのです。そういう自己催眠的な使い方をなされば、毎日が楽に生きられます。

人間というのは、困難が起こったり、悲しいことが起こったときには、感情だけで理性がなくなってしまうのです。たとえそうなっても、一時間でも一分でも早く理性を取り戻せるようにするには、そのキーワードを言って、ものごとの理屈がわかるような冷静さを取り戻すようにするということです。それがあると上手《じょうず》に生きられます。

「南無妙法蓮華経」

お経というものはたくさんありますが、お釈迦《しゃか》さまが亡くなる前に説いたお経というのが、『法華経《ほけきょう》』なのです。後の世で、日蓮聖人《にちれんしょうにん》が「南無阿弥陀仏《なむあみだぶつ》」に匹敵《ひってき》する言葉として、「南無妙法蓮華経《なむみょうほうれんげきょう》」という言葉を感得《かんとく》されました。日蓮聖人は先輩であるお釈迦さまの『法華経』を研究して、その結果悟られたのが「南無妙法蓮華経」だったわけです。「南無」というのは〈信じる〉ということで、

「妙法蓮華経」というのは〈妙《たえ》なる法の蓮華経〉ということです。

ご存じの方もいらっしゃるでしょうが、曼陀羅《まんだら》というものがあります。真ん中に毘盧遮那仏《ビルシャナブツ》がいらっしゃって、そのまわりに小さな仏さまが描いてあります。あれは〈宇宙の法則〉を表しているのです。つまり、宇宙の法則としての〈法〉があり、それは仏法というふうに言われています。仏法という言葉は宇宙の法則のことなのです。〈妙なる法〉というのも、その宇宙の法則のことなのですが、日蓮聖人はそれを「南無妙法蓮華経」という一言にまとめられた。この「南無妙法蓮華経」は、宇宙のすべての生命を含んでいますので、すなわち宇宙にたくさんいらっしゃる神仏のエネルギーをすべてその中に含んでいます。「南無阿弥陀仏」とは阿弥陀仏お一人をお呼びする言葉ですが、日蓮聖人は「南無妙法蓮華経」という言葉を、宇宙の神々すべてを一声で呼び表す言葉として考え出されたのです。たとえば自分たちが住んでいる土地の神様もいらっしゃるし、天照大神《アマテラスオオミカミ》という日本国の守護神もいらっしゃいます。それから自分の背後霊がいて指導霊がいて、守護神がいて守護霊がいる。肉眼では見えないだけなのです。とにかく宇宙の神様というのは山ほどいらっしゃるのですが、そういう神々を一口に呼び表す方法というのが「南無妙法蓮華経」という言葉なのです。そして、そういう神様だけではなく、自分もまた神様の一人として、そこに入っているのです。

人間というのは、誰でも悪い部分と良い部分を持っています。悪い部分は〈魔性〉とも〈悪性〉ともいわれ、良い部分は〈仏性〉といわれています。皆さんも、もちろん仏の部分を持っていらっしゃるわけです。そして、自分自身の中で絶えずこの二つの部分が戦っているのです。魔性の部分と仏性の部分が海の満ち引きのように揺れ動いている。良い人であるように思っていても、次の瞬間にはもうカーッとして、悪い人になってしまったりするわけです。ですから仏性の部分を広げてゆくことが大事なのです。

今日は一分だけ良い人で、あとの二十三時間五十九分は悪い人だったら、翌日は仏性を二分出せるように努力する、というふうに、だんだんと仏性の部分を多くしてゆき、そして最終的に魔性の部分をすべて放逐《ほうちく》して、仏性の部分を百パーセントにするべく努力してゆくということです。そうすると、いつも穏やかな観世音菩薩や弥勒菩薩のようなほほえみを湛《たた》えた中にも、厳しいものを持つという人になれるのです。仏性の部分が増えてゆくと、その人が来ただけで、あたりがふんわりと和《なご》むような力が出てきます。

「南無妙法蓮華経」と音波を出し唱えることによって、自分の仏性の部分がどんどん拡張してゆきます。「南無妙法蓮華経」によって宇宙の森羅万象《しんらばんしよう》が呼ばれ、そして自分の仏性も呼ばれて、もの凄いエネルギーが出てくるのです。ですから、お題目というのはガソリンと同じです。お題目を唱えていると、背筋が伸び、体の中に力が湧いてくるのがわかります。

ところが、「今夜のおかずは何にしようかしら」とか、「あん畜生、どうしてくれようか」などと思いながら「南無妙法蓮華経……」と言いますと、自分の中にそういう煩悩のエネルギーが蓄積されてしまい、悪い燃料タンクになってしまいます。ガソリンにも良いものと悪いものがありますが、それは安物のガソリン、不純物が混ざったガソリンです。「天に唾吐く」という言葉がありますが、それは結局自分にかかってくるのです。〝人《ひと》を呪《のろ》わば穴二つ《あなふた》〟といいますが、その呪いのエネルギーが、そのまま自分に返ってくるということが約束されているのです。ですから、自分も滅びるつもりで相手を呪わなければならないのです。櫛《くし》をくわえて夜中にロウソクを立てて憎い相手を呪う〈丑《うし》の刻参《こくまい》り〉というのがありますが、あれは相手もやられるけれども、自分も必ずやられるのです。

ですから、家でもどこでも、お題目を上げたり、お念仏を上げるときには、自分の仏性の部分で上げなければ意味がないのです。そういうきれいな透明な気持ちでお題目なり、お念仏を唱えていれば、自分がどんどん浄化されてゆきます。そして、自分だけではなく、まわりの十里四方が清められてゆく気持ちで「南無妙法蓮華経、南無妙法蓮華経……」と唱えていると、その良いエネルギーがご宝前に蓄電池のように充電されるのです。ご宝前というのは、ただ神仏を祀《まつ》ってあるだけの場所ではなく、電池にもなっているのです。充電の場所でもありますから、姑《しゅうとめ》根性丸出しでお嫁さんをいびりながらお題目を上げたりしておりますと、そういう悪いエネルギーが充電されてしまう。本人は仏さまを拝んでいるから良いことがあるだろうと思っていますが、あにはからんや、実際には悪い思いを充電していますから、病気になって倒れてしまうような羽目にあったりします。

けれども平和な心でお題目を上げますならば、それがご宝前の電池に充電され、さらにそこから家の中いっぱいに良い周波数がじわじわと広がってゆきます。そうすると〈魔〉も家から出て行きますし、悪いこともどんどんなくなってゆくというわけです。この地球上の、様々なマイナスの現象をプラスに切り替える力があるのです。

お題目を上げはじめて、最初のうちは、悪い霊や浮かばれない霊が「何とかしてくれ」と言って、頼ってくることがあります。それは何年続くかはわかりません。私などはいまだに続いておりまして、すぐ頼られてしまうのですが、それもお経をあげて説得すると、スーッと成仏するのです。そうして成仏させて徳を積んでゆくと、その分だけ自分のところにも回り回ってご褒美《ほうび》が返ってきます。そういうふうに、うまくできているのが「妙法蓮華経」の「法」なのです。

お経は難しい、と思われているようですが、決して難しいものではありません。最近は核家族化して、家の中に相談相手もあまりいないような世の中で、いったい何に頼ればよいのか不安に感じている方も大勢いらっしゃるようですが、そのためにこそ、お経というものがあるのです。

要するに、「南無妙法蓮華経」とは、ただ一声で、すべての全宇宙の神様を呼び出すための言葉なのです。そして、その中に自分自身の仏性も含まれています。その自分の善い人の部分である仏性を大きくしてゆき、自分が自分を尊敬して、崇《あが》めて、拝むことが出来るくらい、自分を高めていく修行というのが、〈菩薩行〉です。

「阿弥陀様つれていって下さい」とお願いするだけでなく、自分が仏として、まっすぐ極楽へ歩いて行って、「開門《かいもん》」と言って、極楽の門を開いてもらうことです。先輩の如来《にょらい》方や、お釈迦様、大仏、大日如来《だいにちにょらい》、阿弥陀如来《あみだにょらい》、薬師如来《やくしにょらい》等たくさんいらっしゃいます。そういった方々の前に自分も如来として、何のやましいこともなく立っていられるほどの自分に高めていくこと。つまり、「自力本願《じりきほんがん》」ということで、「他力《たりき》」ではないということです。それが〈菩薩行〉だと思うのです。

第二部

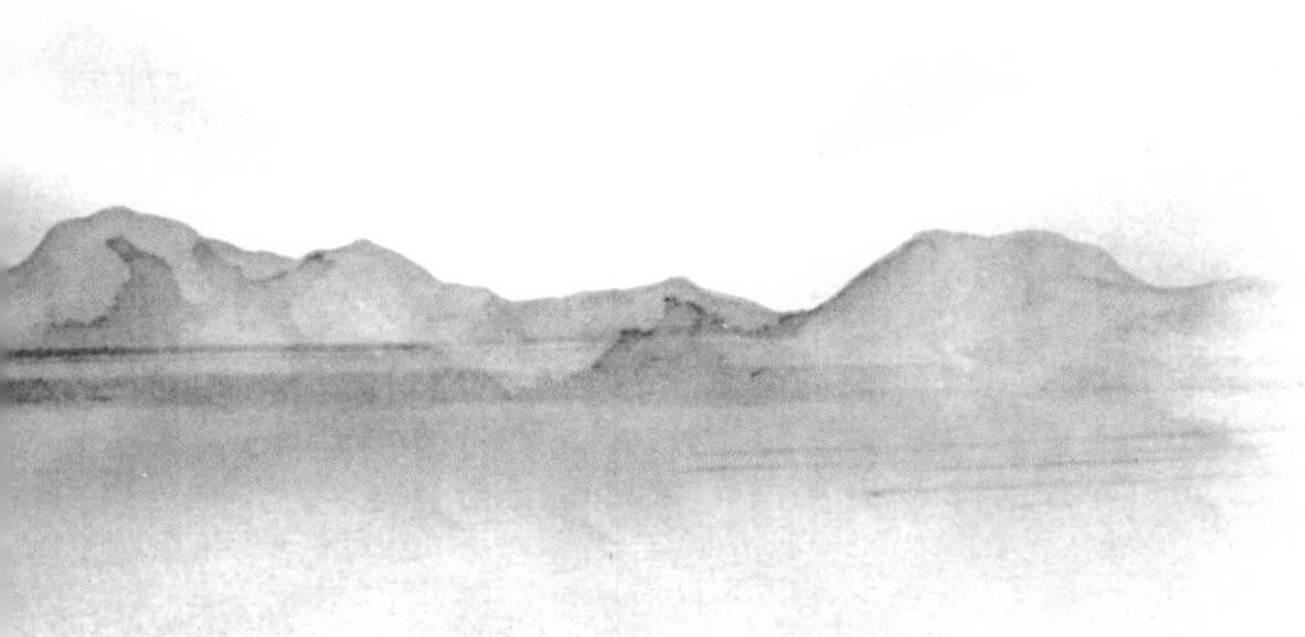

第三章　根元への旅

初めての霊体験

二度目の母が二月に死にました。

私は十歳、終戦の年でした。

ある雪の降る夜、眠っていたら、女の人が私の布団《ふとん》のまわりを這《は》いながら叩《たた》いています。お手伝いさんが寒くないようにと布団を叩いて隙間《すきま》を埋めてくれているのだと思っていました。布団のまわりをひとまわりして、私の枕元まで来たらじっと顔をのぞきこみます。

疎《うと》ましく思ったので、そのまま横を向いていました。隣には二度目の母の産んだ弟が眠っています。今度はそちらへ行って様子を見ています。

「弟をお手洗いに連れてゆくためにお手伝いさんは起きていたのだ」と思って

そのまま眠ってしまいました。

その人が着ていた、白い浴衣《ゆかた》の寝巻きが瞳に残りました。

翌朝、「お布団を直してくれるのはいいけれど、いちいち顔をのぞくようなことはしないで。弟をオシッコに起こすのなら、何もこっちを通らないで、むこうの廊下のほうから入ってちょうだい」とお手伝いさんに文句を言うと、「ごめんなさい。昨夜、坊ちゃんにオシッコさせるの忘れて、オネショさせてしまいました。すみません」と謝るのです。

では、もう一人のお手伝いさんなのかしらと思って訊《き》いてみると、昨夜は私の番ではないので伺《うかが》っていないと言われてしまいました。きっと二人のうちどちらかが嘘をついているのです。浴衣の柄を見ればわかります。そう考えてお手伝いさんの使っている押入れを開けてみると、彼女たちの浴衣はとても派手な柄なのです。無地になど決して見えません。結局、ただ不思議に思うだけでした。

その日父が仕事から帰ると、「おい、電話しろ、お坊さんを呼べ。昨日、命日だったのに供養しなかったから、今から供養してもらうから、ほら早く電話しろ」と言います。

実は前日が二度目の母の命日だったのです。

やがて、お坊さんが来てお経を上げました。

『では昨夜のあれが、二度目の母の幽霊だったのかな』と子供心に思ったのです。しかし、それを信じるということはありませんでした。

八月、東望《とうぼう》の浜というところへ兄、姉、私の三人で泳ぎに行きました。親戚がいたので泊まるつもりでしたが、その家にお客さんが来ていて結局泊まれなくなったのです。仕方なく兄弟三人長崎までテクテク歩いて帰ります。

途中、日見《ひ》峠《みとうげ》のトンネルを通りました。戦争は終わったとはいえ、女子挺身隊《じょしていしんたい》が働いていた兵器工場がそのトンネルの半分を占めたまま、機械もそのままに放置されています。半分だけ通れるようになっているそのトンネルを歩いてゆきます。ふと気づくと、女の人の上半身の影が壁に映っています。長い髪で、その髪をときどきかき上げます。頭をさかんに振ったり、ひょいとこちらを見たり。

いっしょに歩いている姉の影なのだと思って、気にしないでいました。でも、姉は電球の下を歩いているのです。ちゃんと下に姉の影は映っているのです。長くなったり短くなったり、濃くなったり薄くなったりしています。光源は他にはありません。その女の人の影が同じ大きさのまま、ずっとついてきます。電球に虫か何かが付いていて、それが影になっているのかなとも思いましたが、それならば、そんな人間の形になって動いたりするわけがない。ずっと前の方を馬車牽《ひ》きのおじさんがトコトツ、トコトツと歩いています。トンネルを出るまで我慢しました。姉や兄に言ってみんなが怖がれば、自分も恐ろしく、パニックになってしまうと思い、必死の思いでこらえていたのです。やっと外に出てそのことを話したら、みんな気づいていたのです。同じ思いで歩いていたのです。

トンネルを出てしばらく行くと水源地がありました。そこを直径二メートルくらいある〈人魂《ひとたま》〉がマッチを擦《す》るような音をたて、もの凄い速さで飛んでゆきます。

〝シュッ〟

「ぎゃー」、「おじちゃん、助けてえ」

叫びながら、前方を行く馬車牽《ひ》きのおじさんのところまで走ります。
馬車の後ろに乗せてもらって、ほっとしていましたら、長崎に近づくと何かが燃えているのが見えます。小学校の校庭に、焼けのこった家の木材を集めて燃やしています。よく見ると死体を焼いているのです。校庭中に原爆で亡くなった人々の遺体を並べて、それを戸板に乗せて次々と焼いているところでした。さっきの〈人魂〉は、これが原因だったのかしらと思いました。人を焼くと燐《リン》が出ますから、それが集団になり、あんなに大きな光の塊りとなって飛んでいたのでしょう。

こうして、二度、幽霊というものを見させられたのですが、まだまだ信じるというわけにはまいりません。元来《がんらい》理屈っぽいほうですから、裏付けのないことは決して信じられないと思っていたのです。

行者さんとの出会い

それから、東京へ出て散々《さんざん》苦労した末に、昭和三十二年、〈神武以来の美少年〉

とかいうキャッチフレーズをつけられてデビューし、なんとか有名になりました。ある時、知人から頼まれて、ある行者さんを車で中野の方までお送りしたのです。ちょうどそちらの方へ行く用事がありましたので、ちょうど都合がよかったのです。小さなおばあさんがお二人でお見えになりました。

お二人とも、私が有名だとか歌い手だとかは全然ご存じないようで、後ろの席で私のことを、なんだかすごく派手な衣装を着てきっと高級なチンドン屋さんか何かではないかと、話をされています。なんだか愉快な方々だなと思いながら運転をしておりますと、程なく目的地に着きました。そうしますと突然、「あなた、お母さまの供養をして差し上げませんか」とおっしゃるのです。どうして母が亡くなっているのをご存じなのかと申し上げたら、

「ちゃんと、あなたの肩に乗っていらっしゃいますよ」と言われるのです。

半信半疑ではありましたが、悪いことをするわけではないし、お願いすることにしました。お経が始まり、供養が終わった後で、その行者のおばあさんがすっと振り向いて、涙を拭《ふ》きながら、

「親が子を思う気持ちに泣かされましたよ。お母さまはあなたがまだ小さい時

にお亡くなりになったのですね」とおっしゃいます。

「はい、そうです。私が二歳の時に」

「いまだにあなたのことを思って、ついていらっしゃいますよ。お母さま、あなたにそっくりな方ですね」

「なにかそういうふうなことは聞きましたけれど、私はよく知らないのです」

そして、「何か……梅の花の模様の着物をお召しになっていましたよ」と言われるのです。

その時、その一言で、決定的に「ああ、これは信じざるを得ないな」と思いました。私の実母は〈梅〉という名前なのです。そして梅の模様の着物をよく着ていたのです。それを、知るはずのない方から言われたものですから、大変な事だと思いました。帰り際、その行者さんに「供養するというのはどうすればよいのですか」と訊《き》きましたところ、

「家のご宗旨《しゅうし》でかまいませんから、先祖をご供養してあげて下さい」と申されました。

符合した東京と大阪の話

また、別の機会に、東大出で易をやっている人が私の家に来てくれたことがありました。占い、易などをする人には、霊感がひらめく〈時期〉というものがあるのですが、ちょうどその人はその〈時期〉だったのです。

当時、私は仕事もプライベートも何もかもが八方塞《はっぽうふさ》がりの大変な時だったのですが、話をしているうちに、ふいに「あなたの家のご宗旨は法華経《ほけきょう》ですか」とおっしゃいます。

「いいえ、家は浄土真宗で、南無阿弥陀仏です」

「いや、そんなはずはない。あなたの体に寿量品《じゅりょうほん》という法華経のお経がかかって見える」と言うのです。

「そんなはずはないでしょう。家は南無阿弥陀仏ですから」

「いや、法華経のはずですよ。調べてごらんなさい」

そう言われながら私は、ちっとも当たんねぇやと、思っていました。

また、その頃友人だった女優さんが、ある俳優と結婚したいのだけれど、さんざん会社にいじめられて妨害されていたということがありました。もう泣いて泣いて、どうしても結婚したいというのです。では、家でその人に一度見てもらって原因をはっきりさせましょうということで見てもらったら、そのことに関しては本当に当たったのです。当たらなくはないのだなと思いました。

その占い師が帰りぎわに、

「この人のことよりも、明宏さん、あなたの後ろに、胸にクルスをかけた、前髪立ちのお小姓《こしょう》のような人が見える。そしてその背後にマリア観世音菩薩がついていらっしゃる」

そして、これは何でしょうと逆に私に訊《き》くのです。

何でしょうと言われても私にもわかりません。

「あなたは、きっと法華経なのだから、これを法華経で供養するために生まれてきたのかもしれません。供養してあげてくださいね」と言われ、また、

「生まれはどちらですか?」

と訊かれるので、長崎ですと答えると、

「ではキリシタン伴天連《バテレン》かもしれませんね」と言うのです。

私は早々にお引き取り願って、そのことはすっかり忘れていました。多少の占いは当たるかもしれないが、そういった霊的な現象があるということを、まったく信じていなかったのです。そんなことあるわけがない。きっと私が長崎の生まれであることをどこかで知って、こじつけているのだろうと思っていました。

それからしばらくして、大阪へ公演の仕事で行き、ある知人の家へ食事によばれたときのことです。ちょうど、その家のお父さまの命日だったので、供養があり、その後会席で食事をすることになりました。私の真向かいには、供養をするためにいらっしゃったお坊さまが座っていました。お年を召したお坊さんでした。食事中、いきなりそのお坊さんの頭が震えはじめたのです。唸《うな》り声まで出しはじめ、私はご病気かなにかだと思い「お加減、お悪いのですか」と声をかけましたら、

「いや、おたくの仏が出ているんじゃよ」

何のことだかわかりません。

「おたくの仏が出ているだけだから心配はいらない」

と、再び申されます。

そして、「あなたの後ろに観音さまがいらっしゃってのう。その前には十字架をかけてキリシタンのような、あなたにそっくりな、お小姓のような格好をした武将がいらっしゃる。あなたは、その人を供養するために、成仏させるために生まれてきたのですよ」と言われたのです。


東京と大阪で一週間後に、同じことを言われたのです。いくら、疑《うたぐ》り深い私でもちょっと考えました。私がそこに来るということも、偶然その日に決まったことだし、誰も知らない。それに東京と大阪でしめし合わせるにしても念が入りすぎているし、組んで同じ嘘をつくのも馬鹿げたことだし出来るわけがない。これは、やっぱり認めざるを得ないのかな、まったく不思議なことだと思い、

「では、いったいどのようにすればよろしいのでしょう。実は東京でも……」

と、そのお坊さまに東京での話をしましたところ、

「きっとあなたはお役目のある人なのだから、そのお役目を果たさなければいけない」と言われます。ご宗旨は、と訊《き》かれ、東京での時と同じように答えまし

たら、まあ何でもよいから家の宗旨で供養するようにとのことでした。

家の宗旨の件が気になり、当時サナトリウムで療養していた父に電話をしました。うちはもともと法華経だったのかと訊くと、

「どうしてだ、誰に言われたのだ」

と気色《けしき》ばむのです。経緯を説明すると、

「ああ、気持ち悪かねえ」と言います。

実は私の家は祖父の代まで、ずっと法華経だったのです。父が自分の考えで浄土真宗に宗旨替えをしたのです。応援している代議士の票集めだとか、いろいろの都合で替えたということでした。

それならば、以前東京で言われた、「あなたの家は法華経のはずですよ」ということも当たっていたのだと思い、早速その方に連絡をしました。「あなたに言われたことは、当たっていました、家は法華経でした。けれど、一口に供養とおっしゃるが、どうすればいいのか」と相談したのです。

「あなたは中野の方へお連れした行者さんを覚えておいでですか」

「はい、もちろん」

「では、まず、マリア観音を彫《ほ》ってもらいなさい、そしてあの行者さんのところへいらっしゃればよろしい」

私は仏像を彫っている人に頼んで、マリア観音を彫っていただき、その観音を持って行者さんのところへ行こうとしましたが、ある〈拝み屋〉のようなことをしている人に、「そういうことなら、私が心《しん》を入れてあげましょう」と言われて、その人に言われるがまま、〈心〉を入れてもらったのです。

法華経を学ぶ

心を入れてもらったのだからもういいやと、それっきり、その行者さんのところへ行くわけでもなく、ほったらかしにしたまま過ごしておりました。ところがその後、体の具合も悪く、仕事もうまくいかず、以前よりどんどん悪くなる一方です。もう、毎日がイライラの連続です。たまらなくなり、とにかくそのマリア観音を一応お厨子《ずし》に入れ、中野の行者さんのところへ持っていきました。

「では、拝見いたします」と、そのお厨子を開きかけたところで、ハッとして閉じてしまわれました。

「これは、誰かいじりましたね」

「いじるとはどういうことでしょう」

「誰かが拝みませんでしたか」

はい、ある人に拝んでいただいたのですと説明しますと、それは〈心〉が入っているのではなく、〈念〉が乗っているだけだと申されます。しかも、その念というのがあまりまっすぐな、きれいな念ではない、と。後でわかったことですが、実際その念を入れた方は、おこないの悪い方でした。

行者さんは、「では、その念を一度抜いて、それから、心を入れなおしましょう」と言われ、ちゃんと心を入れていただきました。その時、あなたはお経を憶《おぼ》えたほうがよろしい、しばらくこちらの道場にいらっしゃいと言われましたので、忙しい時もなんとか時間をやりくりして道場に行くようにしました。

お経を憶えたり、行者さんがどちらかへ拝みにお出かけの際には一緒に珍念《ちんねん》さんよろしく、風呂敷包みを持って、お供をしたりいたしました。

ところが、そのたびにいろいろなことが起こるのです。霊的な現象を体験することになったのです。

まず、霊が現れる時には、とても眠くなるのです。あくびが出て、眠くて眠くて、どうにも耐えられないくらいの眠さなのです。睡眠不足とかそういうことではなく、もう眠くてしょうがなく、あくびばかりが出ます。そういう時は、〈霊〉が来ている前兆なのです。また、せきが出る時。仏さまが来ている時にはせきが出ることが多いのです。また、昼夜問わず音がすることがあります。ビシッという感じで、ちょうど枯れ枝か割りばしを折ったような音です。部屋のどこで、というわけでなく空間の中で音がするのです。これは霊が「私はここにいます」ということなのですが、これだけでどなたかを見分けるのは、かなり難しいことです。そして、この音は、〈電気〉だと思われます。稀《まれ》にちょっとした感電のような感じを受けることがあります。

この〈電気〉にはプラスのものとマイナスのものがあって、良くない、浮かばれない幽霊は、やはりマイナスの電気なのです。反対に、高級霊、つまり神様とか仏様とか、非常に高い霊というのはプラスの電気で体がふんわりと暖かくなります。本当にいい気持ちで、いい匂いがしてきます。目をとじると、さざ波のような黄色がかった白い光が、小刻みに震えていて、ほっとして豊かな気持ちになります。どんなことがあっても、全部許せてしまうような気分になるのです。そういうときは神様が降りていらっしゃっているのです。反対にマイナスの電気で、足下や背中がぞくっと寒くなったり、寒けがする場合には、幽霊のほうです。成仏していない霊や、〈魔〉に近いものもあります。そういった体験を重ねてゆきました。

天草四郎時貞

供養を始めて、六、七年くらい経《た》った頃、三島由紀夫さんから、原宿のほうにサロンを作らないかとお声がけいただきました。様々な分野の方々が集まれるサロンを、というアイデアでがんばって作りはじめたのですが、権利関係がクリアになっていない場所を借りてしまったために、裁判になったのです。

その時、共同出資をしてくれた方が、「家の近所にすごく当たるところがあるから、この裁判、勝つか負けるか見てもらいにいきましょう」というので早速出かけました。見てくださる方は、真言宗の方でしたが、神道もいっしょにやっていらっしゃいました。「裁判は必ず勝ちます」と言われ、それは的中しました。

ところが、そのこととは別に、

「あなたの前世がわかりますよ。あなたは何か行をやっていらっしゃいますね」とおっしゃるのです。行というほどではないが、法華経でお経を上げていることをお話ししました。

「あなたはすでに、体が清まっていますから、今度は禊《みそ》ぎを十日間、御祓言葉《おはらいことば》で祝詞《のりと》をあげてから、またおいでなさい」と言われて、そのとおりにいたしました。

また、その家に伺《うかが》うと、そこで神降ろしが始まり、私の前世が語られます。

「今より、三百三、四十年以前である。徳川十二万の敵を相手に、異教の神を奉《ほう》じて一揆《いっき》をなした。民《たみ》、百姓の困窮《こんきゅう》するをみかね、一揆をなしたけれども、十六歳で死んだ。その名を天草四郎時貞《あまくさしろうときさだ》という」

……驚きました。以前、六、七年前に東京、大阪と離れた場所で、「あなたの顔のわきに、クルスをかけた前髪立ちのお小姓がついている。そのうしろにマリア観音が」と、言われたことがぴったりと合ったのです。

そのエピソードを偶然、懇意《こんい》にしている週刊誌の記者に、誰にも話さないでほしいんだけど、と前置きしてお話ししましたところ、

「それは嘘でしょう。あなたが天草四郎の生まれ変わりだなんてことは考えられないことだし、何かおかしいですよ。長崎育ちで、そういう顔をしているから、きっとそれで結びつけたのではないですか」と言い、そのうえ、

「どうでしょう。昭島に私の知っている方で、やはり真言宗の方なんですが、通力のある、すごいおばあさんがいるんです。何でも当てる人なんですが、あなたはご存じないでしょう？」と訊《き》かれます。存じませんと答えると、

「それでは、その方のところへお連れします。もしも、そこで同じことがあったなら、仕方がありません。僕も認めましょう」と言うのです。

そして週刊誌の記事にするため、『丸山明宏は天草四郎の生まれ変わりではなかった』というタイトルの企画を持ってきたのです。否定する材料として見ても

らおうということでした。

その記者の方が手配をしてくれ、昭島までまいりました。　玄関先に、袴をはいたおばあさんが出ていらっしゃいました。そして、

「ようこそいらっしゃいました。ああ、この方は昨夜もうみえましたよ」と言うのです。

「いいえ、私は今日初めて伺ったのですが」

「いえいえ、あなたの前世の方と御守護霊が昨夜いらっしゃいました。本当によく似ていらっしゃいますね」

もしそこで、同じことを言われたなら認めると言った記者の方はすでにがっくりしてしまいました。それはそうでしょう、否定しようとして来たのに、肯定されてしまったのですから。数人で祝詞《のりと》をあげ、神降しが始まりますと、前に言われたことと同じことを言われました。まったく、寸分違《すんぶんたが》わず同じことだったのです。認めるしかないと思う心の中には、まだ疑いがありました。

そんなわけがない……現実にあるはずがないことだ……と。

日本一の霊媒師

今度はテレビ局のある方から言われました。

「今、脂《あぶら》ののりきった日本一の霊媒師がいるんだよ。紹介しようか」と。

「もうここのところ、何が本当で何が嘘だかわからなくて……」と申し上げると、

「では、その人は本当に凄い人だから紹介しましょう」と言われ、その方がいらっしゃることになってしまったのです。やがてその霊媒師さんがみえました。東北訛《なま》りの、いわゆるズーズー弁の方でした。

私はその人に「天草四郎の霊を呼んでほしい」とお願いしました。「そりゃ、だみだ」、そんなことは出来ないとおっしゃるのを何とか言い含め、お願いをしますと、ようやく呼んでいただけることになったのです。

魂を降ろし始めますと、「あー、あー、うーん」と声をあげて、ポーズがオーバー過ぎるのです。ニセ物の行者さんも随分いますし、霊媒の方も同じでインチキも多いことをさんざん知っていますから、この方も用心ならないな、芝居っ気

が多すぎると思って見ていました。ぼーっと目をつむったまま私の方へ近寄り、苦しそうに、

「おお、ようこられた」

霊は自分が降ろされたとは思っていないのです。私たちのほうで自分を訪ねて来たと思っているらしいのです。

「ああ、四郎殿」

「あなたはどなたですか？」と訊くと、

「時貞じゃ、時貞じゃ」と申されます。

「私があなたの生まれ変わりということですが、本当ですか」

「そうじゃ、真実《まこと》じゃ」

「どこが似ているんですか？」

「どこもかしこもじゃ……わしは美しかったぞ」

霊が乗り移ると突然、会話がズーズー弁ではなくなって、しかも九州のアクセントなのです。ひょっとするとこれは本物に近いのかなと思いました。そして武家の言葉でしゃべっています。いくら芝居の達者な人でも、武家言葉を淀《よど》みなく

スラスラと話せるわけもありません。もし、ニセ物ならこうやって話しているうちにいつかボロが出るはずだと思いながら会話を続けてゆきました。

出生・家族を聞く

私はその時、何を聞くかを霊媒師さんにも紹介者にも内緒にしていました。その上でいろいろと聞いていきました。歴史の本では天草四郎は生まれが大矢野島《おおやのしま》だとか、長崎とか、島原で生まれたとか様々なことが言われています。そこで霊に直接聞いてみたのです。「あなたはいったい、どこでお生まれになったのですか」と。予想もつかない答えが返ってきました。

「肥後《ひご》の国じゃ」というのです。

肥後といえば熊本です。

「肥後の国のどちらですか」と訊《き》くと、

「小川にて生まれた」と答えるのです。

地図で調べると熊本県の五木村の入り口のほうに、小川町というところがありました。かつては村だったのですが昇格して町になっていました。そして天草四郎の父は小西行長《こにしゆきなが》という関ヶ原の戦いで死んだ切支丹《キリシタン》大名の祐筆《ゆうひつ》、つまり高位の人の文書を代筆したり管理したりする役職だったという記録が残っています。小川という場所はその小西行長の所領地だったところなのです。ですから、そこで天草四郎が生まれたとしても当然辻褄《つじつま》は合うのです。

続けて、「島原へは、いつ行かれました」と訊《き》きます。

「五歳のみぎりに、父に連れられて参《まい》った」

「長崎へはいつ」

「八歳のみぎりじゃ」

「何をなさっていたのですか」

「諸々《もろもろ》の経を読んで、道を説《と》いておった」

「道を説いていらしたとは、何を説いていらしたのですか」

「自給自足じゃ」

つまり、自分たちが働いて得たものを、自分たちで食べるということです。もちろん当時の徳川幕府にしてみれば、大変な危険思想です。農民や町人が自分たちで作ったものを、自分たちで食べていたら、お上はあがったりですから。

「お父様《とうさま》の名前は」

霊におとうさまと言ってもわからないらしいのです。

「何者じゃそれは」と訊くのです。そうか、当時はお父様などとは言わない、『父上』と言っていたのだなと思い、「お父上の名は」と問うと、

「益田甚兵衛好次《ますだじんべえよしつぐ》と申した」

「母上の名は」と問うと、

「伴天連《バテレン》ではマルタと申してのう、ヨネと申した」

調べると天草四郎の母にはマルタという洗礼名がちゃんとついていました。

「ご兄弟は」と訊くと、「姉がおって、これは渡辺小左衛門の弟の渡辺佐太郎という者のところに嫁いでおった。歴史の本では違う名前だったので、もう一度訊いてみましたが、『福』と申した」と言います。歴史の本では違う名前だったので、もう一度訊いてみましたが、

「いやいや『福』じゃ」と言うのです。洗礼名はレシイナで合っているのです。ですからこれは何か歴史の本のほうが間違っているのかもしれません。天草四郎の生涯は謎に満ちており、わからないことのほうが多いのですから。

また、「妹はつかさ、名は『万』と申した」とも言います。『つかさ』という

のは、〈ひとつ〉という意味らしいのです。ですから妹は一人いた、ということでしょう。

そして「『万』と申してのう、これは小浜村の少林寺という寺があって、瀬戸小兵衛と申すものが連れて逃げようとしたが、逃げおおせず、そこで小兵衛は『万』を斬《き》って、自らは腹かき切って死んだ。甚《はなは》だ不憫《ふびん》ゆえ、よう供養してやってくだされ」と言います。

後に、私は雲仙まで調べに行きました。そうすると当時小浜村に関所があり、島原から切支丹が逃げてこられないようにそこでくい止めていたのです。そして妹とその瀬戸小兵衛はそれに引っかかったということなのでしょう。

本を読んで調べたのかと思い、「家来には、どういう方がいらっしゃいましたか」と訊いてみました。すると、スラスラと名前が出てきます。「角蔵もおった、三吉もおった」淀《よど》みなく、いろいろな家来の名前が出てくるのです。もしニセ物ならこんなに答えられるはずがありません。

神がつけられた名前

次に、その頃の状態、町の様子、城の中の模様といったものを細かく尋ねたのです。すると、

「父が長崎奉行に切支丹《キリシタン》側の間者《かんじゃ》（スパイ）として入っておって、切支丹狩《が》りがあるという日には、簑《みの》を表にかけておった。今日はない、という日には手拭《てぬぐ》いをかけておった」と言います。それが暗号だったのです。そして、

「伴天連では、〈いろはにほへと〉の〈いろはに〉までを男子が使い、〈ほへと〉は、女子が使った。それを符丁としておった」と話すのです。『忠臣蔵』に出てくる〈山・川〉のように仲間を識別するための符丁と同じように使われていたというのです。そして、

「その、〈いろはにほへと〉の上の字じゃ。今の〈いろはにほへと〉じゃぞ、その今つこうておる、〈いろはにほへと〉があるじゃろう。その一番上の字が、そなたの名前になっておる。これは神がつけられた名前での、よう調べてみるがよい。そして天地左右同形じゃ」というのです。

これは後で、三島由紀夫さんに伺ってみたのです。いろいろと稀なことをご存じでしたから。〈いろはにほへと〉が符丁になっていて、私の名前が一番上の字を使っているということなのだけれど、いったい何なのか。今の〈いろはにほへと〉というけれど、〈あいうえお〉のことだろうか。するとと三島さんがいくつかキリシタンの符丁・隠し言葉をご存じでした。ある縦書きの書物を横に読むと「デウスのために死す」とかいう言葉が出てくるというものでしたが、調べてみても、その上の字ではないし、名前の頭文字にも合わない。変だな、〈あいうえお〉の〈あ〉が、明宏の〈あ〉だということだろうか、ということで、後になるまでこの言葉は謎のままでした。

また、「御供養させていただきたいと思うのですけれど、何かお好きなものがおありですか」と尋ねると、

「わしは〈カラ花〉が大好きじゃ」

何のことかわからず、聞き返すと、

「カラ花と申してのう、長崎では五月になると、カラ花が真っ赤に咲いた」

長崎で真っ赤に咲く花というとカンナの花があります。

「カンナの花ですか」というと、

「ほう、カンナと申すのかのう。昔は〈カラ花〉と申した」と言うのです。

後で知り合いの学習院の先生に聞いてみたところ、

「それは唐花、唐っ花といって、薔薇《バラ》の花のことですよ。唐花は万葉集にも歌われていて、当時は野生の蔦薔薇《つたバラ》で色は白と赤しかなかったそうです」と教えていただきました。そう言われてみれば思い出します。私が通っていた幼稚園の近くに天満宮があり、その天満宮のそばには、真っ赤な蔦薔薇と真っ白な蔦薔薇が、一帯に植えてあったのです。昔の地図で調べると、ちょうどそこが昔、天草四郎のお父さんが住んでいたらしい奉行所の、下屋敷跡《しもやしきあと》のすぐそばにあたるのです。

天草四郎の霊に「あなたは、長崎ではどちらにお住まいでしたか」と訊くと

「坂の上と申すところに住んでおった」と言います。私たちが小さい頃、そこを「坂の上の天満宮」と呼んでいて、まさにそこが〈坂の上〉なのです。そしてその場所には蔦薔薇があった。霊の記憶と私の記憶、そして調べたものがピタッと合うのです。

四郎の最期

そして、天草四郎の最期について訊《き》きました。

「今、出てみえた時、あなたはお苦しそうでしたが、どうなさったのですか」

「儂《わし》は火の中で死んだ。死後の醜い姿を見せとうなかった」と言う。

火中に死んだというのです。

しかし、歴史の本では、細川藩士陣佐左衛門が、敵将天草四郎の首を討ち取ったと書いてある。これはどういうことかと聞くと、

「あれは儂の首ではない」と言う。

だが、その討たれた首を四郎のお母さんに見せたところ、首をかき抱き、「こんなに痩せてしまって…」と泣き伏してしまったという記録が残っているのです。そしてその首が天草四郎の首だということになった。討ち取った〈陣佐左衛門〉という者が報償を受けています。ただし、矛盾したところがあるのです。四郎の母は、

「私の息子は決してあなたたちの手にかかるような死に方はしていない。ゼウ

スのもとにきっと帰っている」と語っています。

どういうことなのか霊に訊くと、

「あれは儂の首ではない。儂を育ててくれた養育係で南有馬の〈磯部三左衛門〉という者がいた。その倅《せがれ》の磯部《いそべ》運之丞《うんのじょう》と申す者の首じゃ」と言います。

「その〈磯部三佐衛門〉とはどういう方ですか」

聞くと、四郎の父がいろいろと出かけることが多かったため、その磯部氏が自分を育ててくれた。天草の乱の時には、敵の細川方にスパイとして入っていたというのです。その時名乗っていた名前が〈陣佐左衛門〉だったというのです。

落城の際、城に戻り、もういよいよ最期だという時に、自害した自分の息子の首を切り落とし、〈天草四郎の首〉だと嘘をついて細川方へ持参したというのです。いろいろとなるほどということがたくさん出てくるのです。

その後、私の家でも、天草四郎をはじめ、島原の乱で亡くなった方々を、敵も味方もなく、皆仲良く成仏《じょうぶつ》するようにいつも供養をさせていただくようになりました。

そしてまた、こういうこともありました。

私のかつての名前〈丸山明宏〉は二十一画です。母は二月二十一日に亡くなりました。親友が二十一画で、同じ二月二十一日に亡くなっています。

「なぜ〈二十一〉がついてまわるのか」と訊くと、「それは儂《わし》の生まれた日じゃ」というのです。

皆さんも普段住んでいる場所や、お付き合いのある人たち、使っている物などの中に、そういった意味のあるキー〈鍵〉となる数字を、必ずいくつか持っているはずです。私の場合はそれが〈五〉と〈二十一〉なのです。

その後も天草四郎の霊を何度も呼びましたが、ある時、

「儂《わし》の絵を描け。そなたは描けるはずじゃ」と申されます。日本画をやっておりましたから、描いたのです。

その時、「私の前世が天草四郎なら、天草四郎の前世は何だったのでしょう」と訊きました。

「儂より百年ほど前、日本に来た。フランシスコ・ザビエルと同じ時代にクルスをたくさんもってやって来た」というのです。フランスの血もひくオランダ系のポーランド人で、みんなから〈アリス様〉と呼ばれた宣教師ということでした。また天草四郎についていた守護神が誰かを問うと、「マリア観音、観世音菩薩が守っている」と答えます。

学者さんたちはマリア観音など当時の切支丹たちが勝手に作り上げたもので、そんな観音などいないと言います。それは理屈から言えばそうなのでしょうけれど、霊的な仕組みから言えば違うと私は思っています。同じレベルの純度の純粋エネルギーの合体なのです。

それは何年か前に私に対して数人の霊能者が「観音様が出ている」と言ったこととぴったり符合したのです。なるほどなあと納得はしたのですが、今度は行者さん、霊媒師さんが呼ぶだけの力があるかどうかわからないけれど、〈マリア観音〉を呼べるかどうかやってみようということになり、その守護神たる〈マリア観音〉をお呼び出ししたのです。そうすると、

「ナターシャ、ナターシャ」と優しく高い声で唱えながら出ていらっしゃいま

した。そして、「ナターリアのマリアとお呼びなされ」とおっしゃいます。ナターシャというのは俗語で、正式にはナターリアというのが本当の呼び方だというのです。これはロシア正教《せいきょう》の方だなと思いました。マリア観音は、天草四郎の時からずっと私を守ってこられたといわれ、いろいろと会話をいたしました。その時、どうしても大本《おおもと》の方が知りたくなったのです。いったい私は最初は何だったんだろう？　私の命のルーツは何なのかということです。

ルーツは火の神トロイ

マリア観音にお尋ねしました。するとこうお答えになりました。
「それは私たちが滅多にお目にかかることの出来ない〈ゼウス〉という神の傍《そば》にいらっしゃる〈トロイ〉という火の神である。ここには大勢の神がおられる。富を司《つかさど》る神もいれば、病《やまい》を司る神もいる。〈トロイ〉というのは火の神で、人の心を司る。人の心を静め、慰め、励ます神だ」

ロシア正教では旧約聖書の天地創造の神を「ゼウス」と呼んでいます。その傍《かたわ》らの「火の神」の魂をうけて私は生まれてきているということでした。もともとは〈火〉だというわけです。それを聞いて今度はその〈トロイの神〉をお呼びできるかやってみました。

一万年も前に奉《まつ》られていた神様ですから、出ていらっしゃるかしら、どうかな、などと言いながらお呼び出ししましたら、出ていらっしゃいました。かつて、首から上が馬で、身体が人間の偶像を作って奉られていた。場所は「ソルリエンテ」、つまりイタリア南部のソレント辺りに奉られていた事があるということを伺いました。その時、

「他の者に呼ばせてはならぬ。だが、そなたに力を貸す言葉がある。神の言葉だ。他の者が使った場合は、百害あっても一利はない。そなただけに与える言葉だ」

そして、

「アルファー・ミュー。アルファー・ミュー。アルファー・ミューと三回呼びなさい。事と次第によっては、神々が力を貸す」と、おっしゃいました。

〈アルファー・ミュー〉とはどんな意味なのだろう。トロイというのはトロイ戦争と関係があるのかと調べてみたら、トロイの上流階級の人たちというのはギ

リシャ語を使っていたのです。私はギリシャ語に違いないと思い、ギリシャ語に詳しい方にこういう言葉があるか聞いてみました。するとする「なんだ、アルファベットじゃないですか、ABCDのAをギリシャ語でアルファというのですよ」

「じゃ、ミューというのは？」

「LMNのMですよ」

〈アルファー・ミュー〉＝〈α・μ〉。英語では〈A・M〉。

私の名前の頭文字です。AKIHIRO・MIWA、以前の名前、AKIHIRO・MARUYAMA、どちらの名前でもそうなのです。

そして以前、天草四郎殿の霊に〈天地左右同形〉と言われたのですが、その時は何のことだかわかりませんでした。そして今度、そのAとMを何度もたくさん紙に書いているうちに、そのAとMが偶然重なったのです。そうすると左右天地どちらから見ても対照の形なのです（この本の表紙やカバーにも印刷されていますので、どのような形のマークかおわかり頂けると思います）。

天草四郎殿の霊を呼んだときに、「今使われている〈いろはにほへと〉の上の字じゃ、それがそなたの名前になっている。よう調べてみるがよい」と言われたのはこのアルファベットのことだったのかと思いました。自分の名前にはそういう因縁《いんねん》があったのかとやっと腑《ふ》に落ちたのです。

そして数年後、ふとその話をライブハウス〈ジァンジァン〉で話したところ、ある大学の教授が、「美輪さんの言っておられた、アルファー・ミューの記号が載《の》っている本がみつかりましたので、お届けします」と、その本を私に贈ってくださいました。

それはルネ・ゲノンというフランスの思想家が一九二七年に出版したものを日本語に翻訳した『世界の王』という本でした。それによると、その記号はAとMだけではなく、AとVとMの三つの文字の重なりであるということでした。そして、これは十五世紀の後半からカルメル会の修道院の中で使われていた記号だと書いてあったのです。

この記号は古代キリスト教でキリストを表象し、後にアヴェ・マリアの省略形であるとされたものでもあり、しかも〈火の神〉アグニを表すものでもありました。マリア様……火の神……。以前、霊に言われたことと見事につながりました。

また、その記号は、未来・現在・過去を象徴する言葉で、〈アウム〉と発音する、とありました。〈AVM＝アウム〉。いわゆる聖音といわれるものです。あのオウム真理教は、愚かにもその聖音をオウムと読み、そう名乗っていましたが、本来は〈アウム〉と発音すべき聖なる音なのです。

これで、この〈マーク・記号〉にどういう意味があったのか、ということもはっきりしたわけです。

〈アルファー・ミュー〉の力

それからまた、十数年経ってからの話ですが、私の友達がある新興宗教に夢中になってしまい、私はこれはニセモノだと思いましたし、その友人を諫《いさ》める意味もあって、その新興宗教の道場破りに行きました。すると、そこの教祖という人が、私のしていたダイヤの指輪を見て、「念を入れてあげます」と言って念を入れたのです。指輪を返してもらい、嵌《は》めた途端にグラグラッと来ました。邪悪な念が入ってしまったのです。『これを清めるのは大変だ、何とかしなければ』と考えていると、ふと、四谷にあるエイトスター・ダイヤモンドという宝石店に波動を測る機械があったことを思い出したのです。『そうだ、いろんな波動を測れると聞いていたから、行ってみよう』

そこへ行って、測ってもらったら、もう最悪の数値だったのです。こんなものをしていたら死んでしまいますよ、と言われました。身につけていた宝石を外して測ってもらうと、ことごとく悪い数値なのです。そして最後に「きっとこれもダメだろうけれど、ダイヤが嵌《はま》っているから測ってみて」と、ロシア正教の小さなクルスをしていたのでそれも外して測ってもらうと、それが五〇という最高値でした。そのクルスは私がマリア様のお告げによってある場所に行って買うようにと指示されたものでした。「身を守ってくれるから」と言われたのです。

もしやこのクルスの力で、あの念が入ってしまった指輪のマイナスが相殺《そうさい》されるのでは、と思い、そのクルスをして指輪をして測ってみると、最高値の五〇を示しました。プラスのものはマイナスのものを清める力があるとわかったのです。

そこで、私の持っている宝石を、銀行から出して全部測ることにしました。私の家にその機械を運んでもらい、全部測ってもらうと、悪い数値のものが多いことがわかったのです。そのお礼に小さなダイヤを二つスタッフの方に差し上げることにしました。ところが、その方と差し上げたダイヤとの相性も測ってみると、彼女にとって最悪の数値が出てしまったのです。

その時、どういう訳か、ずっと忘れていた〈アルファー・ミュー〉のマークがふっとひらめいたので、「ちょっと待って、今お告げがあったみたい」と、そこいらへんにあった紙にそのマークを書いて、指輪をしているその方の指と指輪のあいだに差し込んでみると、機械の針が動いて最高値五〇を示したのです。その紙を抜くとまたマイナスになります。紙を再び入れると、また五〇になります。そういうことを何度もやって確認したのですが、そういうプラスの力がこのマークにはある、ということが、長い時間を経てようやくわかったのです。

ただ、ご忠告までに申し上げておきますが、このマークは心の汚れた人間にはただの落書きに過ぎません。邪《よこしま》な欲望を持って力を借りようとしても、何の意味もないのです。力は働きません。心の美しい、純粋な方でないとダメです。

第四章　不思議な話

お役目を授かる

これまでの、私の霊体験を考えてみますと、法華経でお経を上げはじめてから、いろいろな霊が頼ってくるようになりました。

最初は、サナトリウムに入っていた父に、家の宗旨《しゅうし》について問い合わせの電話をしたときのことです。不思議なことに自分でも思いもつかないことが口をついて出てくるのです。

「お父さん。家のお墓、台座がずれて、そこから雨水がお骨の上に溜まっているから、墓石をきちんとしないと、家にロクなことないよ」と言ったのです。

父は「お前、なにを言うのだ。気持ち悪い。なにか憑《つ》き物でもついたんじゃないか」といいます。しかし放っておくわけにもいかず、父と兄がサナトリウムからお墓へ行ってみると、誰かがいたずらしたらしく、本当に台座がずれて雨水が入っていたそうです。まずそれが最初でした。その後、自分でも予想していないことが、口をついて出るようになったり、見えてきたりするようになってしまいました。

それが最初で、その後、枚挙《まいきょ》にいとまがないくらい様々《さまざま》のことがありました。しかし、霊的な現象に囲まれて生きてゆくのは本当に疲れますし、仕事にも差《さ》し障《さわ》りがあります。そうそういつもお役目を頂戴していますと心身共にまいってしまいます。ですから、神様に「ちょっと休憩をさせて下さい。私は何もわかりたくないのです。どうかお願いします」と申しましたら、それ以後ふっと、見えたり、聞こえたりが止《や》んだのです。それでも、時折お役目を授《さず》かる場合というのがございます。そういう時は、自分で選ぶのではなく、〈救ってやれ〉というふうに、前ぶれなくやってくるのです。

お手伝いさんの下心

たとえば、ある世田谷のお宅に呼ばれたときの事。

パーティーがありまして、いろんな方々がみえていました。その時、なぜかその人たちの一人一人の霊的な背景、考えていること、住んでいる環境などというものが全部わかってしまったのです。邸宅の中に待合室のような場所があり、そこで座っていますと、初老の紳士がひょいとお座りになった。見ただけでその人の頭の中が心配事で大変な具合であることがわかってしまったのです。

「何も、そんなに悩まなくてもいいでしょう」と、突如《とつじょ》言ってしまいました。

「まあ、お苦しいでしょうけれども」と言いましたら、

「あなた、なぜ私のことがわかるのです?」とおっしゃる。

「いえ、どうも失礼しました。ずいぶんお苦しみのようなので。お仕事とご家庭のことでしょう」と言うと、

「不思議な人だなあ、あなたは」と言いながらパーティーのほうに行ってしまいました。

パーティーが始まり、いろんな方とご挨拶《あいさつ》をしていると、その中に近々このお宅にお手伝いさんとして入る予定の中年の女性がいました。奥様は、「この家には、お手伝いさんがいなかったのですが、こちらが今度、来てくださるので助かります」とご説明なさいます。

「ちょっとお待ちになったほうがよろしいのではないでしょうか」と申し上げてしまいました。そうしますと、その当の本人が、「どうしてですか？　私はダメなのですか」と切《き》り口上《こうじょう》で話しかけてきます。

「いえ、ダメとかそういうことではないけれども、あなたも少しお考えになったほうがよいのではないですか」と申しました。

満座の中でしたので、その人が、「私に何か変なことでもあるのですか。何を言われてもかまいません。おっしゃってください。でないと、これからご厄介《やっかい》になるというのに、変に思われます。また、居るわけにまいりません。どうぞお話し下さい」と開き直って言われるのです。

「では、仕方ありません。申し上げます。よろしいのですね」

「結構です」

「あなた、おなかから下に大きな傷があるでしょう。それは赤ちゃんを産んだ時の傷だと思いますけど、いかがですか」

「ええ、あります」

帝王切開の跡があったのです。

「しかし、あなたのご主人の子供ではありませんね」

そう言うと、その女性は真っ青になったのです。そんなことを、まさか言われるとは思わなかったでしょうから。

「あなたのご主人、亡くなっていますね」

「はい」

「でも、あなたは線香一本上げたこともないし、ご供養なさっていないでしょう」

「はい」

「あなた、ご主人が女をつくったり、浮気をして、さんざん苦しめられ泣かされたから、恨んで、憎んでいるのでしょう」

「はい、そうです」

「許せないんでしょう」

「そうです」

「でも、ご主人はどうして坊主頭にしていらしたのですか」

それは、戦時中、大政翼賛会《たいせいよくさんかい》という団体に入っていて、それで坊主頭にしていたそうです。まあ、戦中の男性は坊主頭の人が多かったのですけれど。

「坊主頭のご主人が、あの世であなたの産んだそのお子さん……亡くなっていますね」

「ええ、死にました」

「ご主人は、その亡くなったお子さんを、ちゃんと抱いて、お守りしておられます。その子はご主人との子ではなくて、どこかの料亭の息子さんとの不義の子でしょう」と言うと、それを認めました。

「自分の子ではないと知りながら、ご主人はちゃんと仏として、その子供を抱いて、霊界でお守りをしておられるのですよ。あなたはそれでもお線香あげる気になりませんか」

その女性は床にべたっと座りこんでしまいました。

「ここまで申し上げればおわかりでしょう。でも、あなたには一つだけ救いがある。それは観音様がうしろについておられることです。あなたは観音様にたいへんお世話になっていますよ」

「実は、家が浅草、浅草寺のすぐ裏にあります。そこで生まれて育ったのです」

「それでは、浅草の観音様に守られているのでしょう」

そして、「あなたがここへ、お手伝いさんとして入ってはいけない、という意味が今度はわかりますね」と言いましたら、彼女は、「はい、わかりました。もう、こちらへ伺うことはないと思います」と答えました。

実はそのお宅のご主人、初老の方ですが、たいへんハンサムなロマンスグレーの、男っぷりのいい方だったのです。その女性はご主人に惚れてしまっていたのです。惚れて、お手伝いとして入り込めば、浮気をするチャンスがあるのではという下心なのです。それがなぜか、全部絵に描いたように私には、わかってしまうのです。こんなことを人前で言っては具合が悪いので、その人を呼び、そっと、

「あなた、この家に入ってはいけない人間だということは、わかったでしょう。

あなたの下心は絶対通じませんよ。この家に騒動を起こすようなことは許しません」と言うと、もう恐れ入りましたと、それっきりその家に来なくなったのです。

二人の姉妹

先程、控え室でお会いした初老の紳士がこの一部始終をごらんになって、「へえー、たいしたものですなあ」と、食事中にお褒《ほ》めになります。私は、そちらを向いて、

「口ではそうおっしゃいますが、腹の中では別のことをお考えですね」と言うと、えっ、と驚かれます。

「なんだ、この気持ちの悪い化け物みたいなオカマ風情《ふぜい》が、何を偉そうにいってやがる。この片輪者が……そうおっしゃっているのが、私にはちゃんと聞こえていますよ」

「いや、別にそんなことは……」と、しどろもどろの有様です。

「あなた、そんなに偉そうになさるものではありません。……そう、以前ご自分の会社の工場の井戸をお埋めになったでしょう」と訊《き》くと、

「ええ、埋めましたが、それが何か」

「それは、井戸の気が抜けるように、ちゃんと竹筒か何かで、穴を遺《のこ》して埋めたのではなく、みんな埋めてしまいましたね」

「そうですね、埋めてしまいました」

「それから、その工場が業績不振になって、傾きかけていますね」

「ええ、まあそういうことに……」

ふと見るとその紳士は、年頃のお嬢さんを二人お連れになっていました。そして必要以上に仲良さそうにふるまって、おかずを食べさせあって、心の中で私に『お前みたいな変態にはこんな健康で幸せな家庭の味は、わからんだろう』と言っているのがわかりました。そこで私は申し上げました。

「あなた、お嬢さんたち、〈地獄〉にいますよ」

「えっ？」

「あなたは、パンタロンをはいていらっしゃるお姉さんのほうを、男っぽい女で、妹さんのほうを、女々《めめ》しいべたべたした女だとお考えでしょう。妹さんを気に入らなくて、お姉さんのほうを猫かわいがりに可愛がっていらっしゃるのですね」

まあ、そうです、と言う父の横で、そのお嬢さん二人は黙って下を向いています。

「あなたは、自分の夢が実らなかったから、自分が出来なかったからと、お姉さんに夢を託して、仕事を押しつけていらっしゃるのではないですか」

「いや、そんなことはない。娘は喜んでやっているのです」

「そうではありませんよ。あなたは、我が子でありながら、我が子のことを何もわかっておられない」

「しかし、そう言われるが、あなた、他人の子供のことをそう簡単にわかりはしないでしょう」

「いいえ、私にはわかります。実は妹さんのほうがあなたの仕事を継《つ》げるだけの、男っぽい、いさぎのいい度胸をしていらっしゃる。お姉さんは、あなたの期待に沿わなければならないと、無理をして、男っぽく、猛々《たけだけ》しく、健気《けなげ》にも一生懸命やっておられる。でも、疲れ果てて倒れる寸前。もうやめたいと思っていらっしゃる。これは大変な負担ですよ、お姉さんにとっては。そうでしょう？」

お嬢さん二人が、じっと私を見て、そしてお父さんの方を向いて、うつむいて、涙ながらに、

「お父さん、その通りなんです」

「えっ、本当にそうなのか、お前たち」

「じつは、昨夜もお姉さんと二人で話していたの」

二人で家出をしようかと考えていたそうです。お父さんは何もご存じなかった、本当にいい娘だ、そのうち俺の目に適《かな》った婿《むこ》を見つけて……と、自分の家はもうバラ色だと勘違いなさっていたのです。

「あなたは、そういうふうに思っていらっしゃるけれど、じつはそれはあなたの欲望と理想でしかないのです。実際は違うのですよ」と申し上げました。

娘さん二人は、「助かりました。どうもありがとうございました」とお礼を言われます。

今後は、妹さんがその仕事を代わってやることにし、お姉さんはお嫁に行きなさいとアドバイスをしたのです。お父さんはまだ気持ちの整理がつかないらしく、

「どうしても俺は信じられない。本当にお前たちそんなに親不孝な娘だったの

か」と罵《ののし》るのです。お嬢さん二人は黙ってうつむいて、涙ぐんでいました。

自殺した少年工

「そんなに信じられないのであれば申し上げましょう、本当は言いたくないことですが……あなたは人を殺していますね」

「冗談じゃない。何で俺が人殺しなんだ。ひどいこと言わないでください。いくら冗談でも許しませんよ」

「いいえ。あなたは刃物や暴力で人を殺したことはないが、口で〈言葉〉で殺したことがある」

「誰をです」

「あなたのお宅には、玄関を入って左側に八畳くらいの真四角な部屋がありますね」

「ええ、ありますが」

「その部屋の電燈の笠、現代のものではなく、明治か大正時代のランプが下がっているでしょう」

自分の家のことを言い当てられて、表情がどんどん変わってゆきます。

「では、家の間取り図を書いていただけますか」と、間取りを書いてもらいました。

「あれ、この間取り間違っていますね」

「自分の家を間違えるわけないですよ」

「いいえ、八畳のこの部屋の隣に濡《ぬ》れ縁《えん》があるでしょう。描いてありませんよ」

そうだ、そうだと言いながら、縁側の部分をちょっと描き足しました。

「いいですか。よく聞いて下さい。この濡れ縁のこちら側、庭になってますね」

「そうです」

「そこに、生け垣のような塀があるでしょう」

「あります」

「そこから毎晩、ある人があなたの家を訪ねて来ています。そして、その廊下と八畳の部屋のあいだに黄色っぽいような、木綿《もめん》の、薄茶色のカーテンがかかっていますね」

「いや、それは本当は真っ白だったのだけれど、古くなって焼けて黄色っぽくなってしまったもので」

「そのカーテンのところへ、年の頃は十六、七歳で坊主頭の国民服を着た男の子がじいっと立っていますよ」

そうすると、「はっ」と気づいた様子で、みるみるその人の顔色が変わってきたのです。「それはあなたが殺したのですよ。わかりますか」そう言うと、その人は黙ってうつむき脂汗《あぶらあせ》をじわっとかいているのです。

「私が申し上げたのは、そのことです。その人です。あなたが悔《く》いて一生懸命供養をなされば、成仏なさいますよ。どういう方なのかお話しいただけますか」

話によれば、その人は戦争中に兵器工場で働いていて、班長をやっていたそうです。そこに少年の工員が、学徒動員で何人か入ってきた。その少年はその中のひとりで、とても可愛い子で、年は自分と十歳くらいしか違わないのに、「親父さん、親父さん」とすごくなついて甘えてきた。最初はとても可愛がったそうです。ところが、そうなるとまわりが、ひいきをするというのでいろいろと文句をつけるようになった。これではいけないと、距離を置くようにして、あまりかまわなくなった、冷たくしてしまったのだというのです。相手はまだ少年ですし、そうなるとふてくされたり、拗《す》ねたりする。その態度を今度はだんだん憎らしく思うようになってきた。

ある日、耐えかねた少年が「どうして以前のように接してくれないのか、可愛がってくれたのに、何で変わってしまったのか」と詰め寄ってきたのだそうです。つい、「貴様のような女の腐ったようなやつは首でも吊って死んでしまえ。二度とお前の顔など見たくない」と言ってしまった。その少年はその晩、その場所で首を吊って死んでしまったそうです。

「とんだことをしましたね。その少年は身寄りのない天涯孤独の境遇だったのですよ……あなたのことをお父さんの代わりだと思っていたんですよ」

「どうして、そこまでわかるのです」

工場に勤めるときの履歴書には身寄りがあるというふうに書いてあったらしいのですが、亡くなってみると親戚も親もいない子だったのです。結局、会社で工場葬ということにして弔《とむら》ったそうです。

「そういえば、思い当たる節があります。彼の葬式が終わって家に帰ると、トイレのところに彼がふわっと立っていたのです。これは幻だと思いました。それ以外にも二、三度あります。それから、後ろから誰かが運動靴を履いてヒタヒタとついてくるように思ったことが、その当時何度かありました……」

そして私はその人に、少年の霊を供養すれば、運も良くなりますからと、供養の方法をいろいろとお教えして差し上げました。はい、わかりましたと殊勝《しゅしょう》におっしゃっていましたから、私は供養されるものとばかり思っておりました。

その後、半年くらい経ちまして、そのお宅のパーティーで、もう一度お会いしたのです。見ると、もうどうしようもないくらいの人相をしていらっしゃいます。ああ、この人、もの凄い、滅茶苦茶な状態になっているなというのが一目でわかります。でも知らん顔で何気ないふうを装って、「あれから、いかがですか？」と尋ねました。

「ええ、あなたには申し上げませんでしたが、今度、ちょっとはずれの方へ引っ越ししましてね」と言われます。

「そうですか、お引っ越しなさいましたか……。ご供養はなさいましたか？」

「ええ、充分させていただきました」

この男、嘘を言っているな、ということがわかります。

「ああ、そうですか。それはよろしゅうございましたね。では、お引っ越しなさった家を描きましょうか。おもしろい家ですね。紅殻格子《べんがらごうし》のような桟《さん》が家の両側にあって、真ん中に玄関がありますね。玄関を入ると、まっすぐに庭まで突き抜ける廊下があって、家はコの字型で、中庭もあって、そこに庭に降りる、大きなたたき石がありますね」

「はい、あります」

「その石の左側に、ゴミ箱のような、コンクリートの物置のような、傾斜した蓋《ふた》か屋根がついている。そういうものが石の左側にあるでしょう」

「へえ、よくわかりますねえ。ええ、あります」

「そこに立ってますよ」

「えっ？」

「あなた、嘘をおっしゃってはいけません。供養するのが面倒だし、嫌だからと、家を引っ越せば、幽霊はもう出なくなるだろうとお思いになったのかもしれませんが、そうはいかないのです。あなたが生きているあいだ、どこへでも、地の果てに行ったところで、その人はついて回りますよ」

その人はすっかり怯《おび》えて、大変な様子になってしまいました。

「ですから、あなたがやれないのなら、せめて行者さんでもお坊さんでもよいから、来ていただいて、その人の名前を書き、きちんと供養して差し上げなさい。それしか運命の門を開く道はないでしょう」と申し上げました。

霊的な現象に遭った際、引っ越しさえすればよいなどということは絶対ありえないのです。きちんと向かい合ってご供養をするしかないということです。

女友達の新しい恋人

私は少々のことでは〈怖い〉などということは決してないのです。しかし、一度だけ、本当にぞっとしたことがありました。銀座のシャンソン喫茶、〈銀巴里〉に出演していた頃の話です。出版社に勤めていた友人が、ひさしぶりに店に来ました。

「私、好きなひとができたの」と言います。

「だって、あなた。籍は入れてないけど、もう十何年一緒の旦那がいるじゃないの」

「もう顔見るのも嫌なのよ。あの旦那」

同棲している旦那が、浮気でもしているのかしらん。それにしても、どんな相手なのか聞いてみると、

「雑誌の編集長なのよ」と言います。

「私が明宏さんと友だちだと話したら、会いたいっていうの。彼に会ってくれない？」

「そりゃいいわよ。どんな方かしら」

すると彼女は、ちょっとちょっと、と呼ぶのです。柱の陰から男の人がひょっと顔を出すと、こちらへみえて、「初めまして」と頭を下げてご挨拶をなさいました。その瞬間、いろんなものが爆発的な勢いで見えてしまいました。頭をぶん殴られたようにグラグラします。これはひどい、と思い、挨拶も早々に二人を遠ざけてしまい、全然そばに寄らないようにしました。そうしますと帰り際に彼女が来て、

「あなた、ずいぶんひどいじゃない。友だちだと思っていたから、彼を連れて

きたのに、そばに来てもくれないし、話もしてくれない。友だち甲斐《がい》がないじゃない」と私をなじります。

「ごめんなさい。でも、あの人だけは勘弁してちょうだい」

私は彼女に言いました。

「彼は、〈もの凄いもの〉に祟《たた》られている、取り憑《つ》かれている。あの人の家は東京では珍しく庭が広くて、その庭の地面が苔《こけ》むしていて、大きな木のあるお宅でしょう」

「あら、どうしてそんなこと知ってるの？　そうよ。あ、彼のこと知ってるの？」

「いや、知らない。でも、そういうものが見えた。それにね、あの家は代々恐ろしいものに祟られている家だから、あなた絶対に付き合っちゃ駄目。あなたの家にまで怨念《おんねん》が来る。だから付き合っちゃいけない。あなたの家まで影響されておかしくなるから」

「だってしょうがないもの。私、好きなんだから」

「じゃあ、勝手にしなさい。私の言うこと聞かないんだったら、とにかく、もう絶交よ」

そうすると彼女が、「そういえば思い当たる節がある」といいます。

「私の家、父が今、原因不明の病気で寝込んでいて、このあいだ妹が洗濯機の中に手を突っ込んで指の骨を折ったの。丈夫なのは母だけ」

「あなたのお母さんは信仰家で、お稲荷《いなり》さんを大事にしてきちんと守っていらっしゃる。仏壇もちゃんと守っていらっしゃるでしょう」

「そういえば母は……そうだわ」

「その現象が起きたのは、あの人と付き合い始めてからじゃない?」

「ええ、そう言われてみれば……そうかもしれない」

「じゃあ、早速別れなさい」

しかし、別れられないというのです。

「あ、でも……そういえば、あの人のお父さんも、お母さんも、お姉さんも、妹さんも亡くなってる……あの家は近所でも評判になるくらい毎年お葬式を出してる家だ……生き残っているのはあの人だけ……」

とにかく大変なことが起こるから別れなさい、と何度いっても聞きません。別れられない、好きだからの一点張りなのです。じゃあ、もう勝手にしなさいと言うしかありませんでした。

七月七日に注意いたせ

そういう事があってしばらく後、夢を見ました。伊豆の道を赤い車が——それは小型車でしたが——走っています。私は伊豆に行ったことがないのに、なぜか伊豆だとわかるのです。そしてその車は崖《がけ》から落ちてしまうのです。その時、夢の中で、「七月七日に注意いたせ」という言葉が聞こえました。神様の言葉だというのがなぜかわかりました。

ある夜、コンサートの終わったあとにスタッフや友人たちと私の家へ帰ってきました。ふと、その夢を思い出して、

「この中で七月七日に伊豆へドライブに行く人はいない?」

と訊《き》いてみると、

「あたし」と、例の彼女が手を上げます。

「とんでもない。あなた、絶対行っちゃ駄目。あなたの車、赤い車?」

「そう、赤いコロナよ」

「絶対駄目、行っちゃ。崖から落ちて死ぬことになるから」

そう言うと、彼女は、

「私、死のうと思ってたの。つらくて。彼とのこと清算しようと思って」

「馬鹿だね……それは、あなたが死ぬんじゃなくて……」

と、言いかけた時、突然私の身体が震えはじめて、鳥肌が立ち、足元から寒気がぞーっとしてきます。これはよほど強い霊が来ているということがわかります。

私は彼女に、

「七月七日に、あなたが死ぬんじゃない。あなたの肉体を借りて、彼の命をあの世に持ってゆこうとしている者がいる。あなたは利用されているだけ。彼を愛しているというけれど、あなたが愛しているんじゃない。今、あなたの肉体はあなたのものじゃなくなっているのだから、その状態で肉体を利用されてはいけない」と、言いました。すると、今まで下を向いていた彼女が急に、すくっと上を向いて、

「……私、今、一番《いちばん》言われたくないことを、言われているのよ」と言います。

「わかった。では訊くけど、あなたみたいな、ゴキブリ一匹でも悲鳴を上げるような臆病《おくびょう》な人が、そんな広い屋敷の中で、彼が勤めに出ているあいだ、ひとりでよく暮らしていられるわね」

「……そういえば、そう、私よく平気でいるわね」

「あなたの寝ているベッドは、まさか前の、死んだ奥さんが寝ていたものじゃないでしょうね」

「そうよ……奥さんが寝ていたやつ」

「寝巻きやネグリジェはどうしているの」

「奥さんのが残っていて、それ、綺麗だから着てる」

「じゃあ、部屋に仏壇があって、そこに奥さんの写真があるでしょう」

「飾ってあるわよ」

「その写真を見て、あなた、気味悪くないの？」

「ううん。埃《ほこり》が積もっていたりしてるから、ああ、埃をとってあげようと思って、掃除してるわよ」

これは、その〈奥さん〉が乗り移っているな、と思いました。

「では、訊くけれど、最後の質問。まさか、歯ブラシもその奥さんのものを使っているのではないでしょうね」

「ええ使っているわよ」

平気な顔で言うのです。

「あなた、不潔だとは思わないの？　生きている人の歯ブラシでも他人のものは気持ちが悪いでしょう？　まして亡くなった方の歯ブラシなんて、気持ち悪いとは思わない？」

「いいえ」

もう、目が普通ではないのです。

「普段、清潔好きで怖がりのあなたが、そんなことをするなんて、考えられないでしょう？」

「そういえば……変ね」

「あなた、自分では気づいていないけれど、前の奥さんが、恋愛したりセックスしたりする〈肉体〉がないので、あなたの体を借りているの。だから、あなたが自分の旦那さんのところに戻ると、他人の家に帰ったようで、旦那さんの顔を見るのも嫌《イヤ》、触られてもゾッとするでしょう?」

「ええ、そうよ」

「彼のこと、愛《いと》しくて愛しくてたまらないのでしょう?」

「ええ、そう」

そして彼女は、

「私、ここまでお話ししたけれど、言われたくないことを言われて、プライドも傷つけられて、もう何も言いたくない。金輪際《こんりんざい》、この家には来ないから」と言います。まわりにいた友人やスタッフたちは、もう怯《おび》えてしまって隅の方で固まっています。ここで負けては大変です。もう明け方で時間もない。

この霊は何を言っているのだ。人の体を借りて自分の妄執《もうしゅう》を果たそうとは一体《いったい》何事であるか、と、私はいきなり経を上げ始めました。そうすると、その霊が金縛りのようになり、逃げたくても逃げられない状態になりました。一心にお経を上げ、「いえっ!」と一喝して抜き、「よし」と終わったのです。そして、彼女の口から捨てぜりふが、

「この一念、どうしても果たそうと思っていたのだけれど……」と放たれまし

た。その場に居合わせた人たちには、絶対に七月七日には車に乗ってはいけない、全部車庫に入れておきなさい、タクシーも乗ってはいけないと、申し渡して帰らせたのです。

七月七日が来ました。一日過ぎて八日になったところで、電話をして安否を確認すると、みんな大丈夫だったのです。これで、しばらくすれば〈とれる〉だろう、ああよかったと胸をなで下ろしておりました。

それから一週間が経ち、いつも私の洋服のデザインをしてくれて、付き人代わりもしてくれていた女の人が、ひょっこり荷物を持ったまま、私が映画の撮影のために行っていた大船の撮影所にやってきました。首にむち打ち症のギプスをしています。彼女もあの日、居合わせて、震えていた中の一人だったのです。

「どうしたの？　あなた」

「信じられない、嘘だとしか思われないようなことがあったの。言えば、嘘をついていると思われそうで嫌だったから、今まで黙っていたの」

「何？　嘘だとは思わないから言ってごらん」

あの日、あのあと、彼女はみんなといっしょに帰ったのですが、表へ出てすぐにタクシーを拾って、いくらも行かないうちに、彼女が乗っていたタクシーが追突事故を起こして、その時にむち打ちになってしまったそうなのです。その時に追突された車を運転していた人の名が、私の本名と同じ〈丸山さん〉という方だったのです。

きっと私のところに来るつもりだったのでしょうが、別の人に災いが行ってしまったのです。その時、彼女の口から出た、「この一念、絶対に果たそうと思っていたのだけれど……」というセリフを思い出して、怖いもの知らずの私ですが、あの時だけはさすがに〈怖い〉と思いました。

みなさんにも様々な出来事が日常生活の中で起こるでしょう。良い霊がついている場合はいいのですが、悪い霊がついている場合は、自分自身の欲望や精神に従《したが》って行動しているつもりでも、そうではなく、霊がそうさせていたり、霊自身の欲望や妄執《もうしゅう》を果たすために行動していたりすることもあるのです。その人に自分の欲望、精神でやっていると錯覚させるのです。

ですから、神様を大事になさったり、自分の家の仏様を大事になさるのは良いことなのです。先祖の霊、親しかった人の霊は、家で充分供養してあげて下さい。そうすると不思議に運が開けたり、いろんなことが良くなってきます。

たまに供養するぐらいで、神様に願をかけて拝んで歩いたり、おみくじを引いたり、お正月になると一生懸命「儲かりますように、幸福になりますように」、などと、拝み歩いてる人がいますが、あれは見当外れなのです。運が開けたり、本当にいろんなことが良くなるのは、やはり神様だけを拝むのではなく、自分の家の先祖供養をなさることです。自然と道が開いてきます。その時、神様が、熱心に頼まれたから守ろうとなすっても、成仏しないために妨害する霊がいるのです。それが供養をきちんとうけますと、成仏して妨害しなくなります。そうすると、今度は神様が遠慮なく働けるというわけです。

人間一人のまわりにはたくさんの霊がいます。ですから、人が多く集まる場所には、もう何百、何千という霊がぎっしり存在するのです。それを自分でちゃんと意識すること、そして、自分だけで何もかもしょいこむことは、おやめになったほうがよいでしょう。自分の体力がありますから、体力に応じた荷物を持つということです。大きいつづらをしょってしまうと、ひっくり返ってしまいます。よく行者さんなどでも、非業《ひごう》な死に方をなすったり、つづらが大きすぎて、本当に悲惨な亡くなり方をする人が、ずいぶん大勢いらっしゃいます。

ですから、自分の先祖を調べるだけで、何百、何千といらっしゃるのですが、代々のご先祖さまは一括して成仏していただくよう、神様とは別に先祖供養としてお経をお上げになったほうがよいと思います。

報いは必ずある

人にひどいことをすると必ず報《むく》いがあります。

昔、私が困っていたときにお世話になっていた人が〈銀巴里〉へ訪ねてきました。銀座で御馳走をしたのですが、中年のご婦人を連れていらっしゃいました。何かご相談事があるようだけれど、お金だったら、お世話になったから何とかしなくてはいけないなと思っていたのです。そうしたらご本人のことではなくて、その一緒にいらしたご婦人の家が不幸続きだというのです。

「あなたは霊感があるというから、この奥さんを見てやってくれないか」

「私は超能力者でもなければ、商売をやっているわけでもないから、そんなことをこんなところで言わないで下さい」

と、言ってたら、恐ろしいものが見えました。それでそのご婦人に、「あなたのことじゃなくて、あなたのご主人のことじゃないですか？」と訊くと、そうだったのです。その婦人のご主人は癌《ガン》で死にかけていて、その苦しみようが普通じゃないと言うのです。

「でも、その不幸は、ご主人が最初ではなかったはずですよ」と私が言うと、

「はい、そうです」

「どなたに不幸が来たんですか？」

「孫娘です」

ご主人が目の中に入れても痛くないほど可愛がっていたお孫さんが、保育園に行っていた頃から急にいじめられるようになったそうなのです。小学校にあがってもそれがずっと続いて、精神的なものもあるのでしょうが、時折ひきつけを起こすようになり、学校に行かないようになってしまったそうです。

その上、そのお孫さんは三輪車に乗っていて車にはねられ、脊髄《せきずい》を打ち、成長が止まってしまう症状になってしまったのだそうです。

また、その子のお姉さんが中学校に行ったら非行に走ってしまった。お孫さんは女の子だけらしいのです。お孫さんたちのお母さん、つまりその奥さんのお嬢さんもノイローゼになり病院通いをしていたら、夫が女をつくって、病気の妻と娘たちを置いて出ていった。

その奥さんにとっては自分のことより辛《つら》いわけです。

「じゃあ実家へ帰ってこい」と、お嬢さんと二人のお孫さんを家に引き取ったのだけれども、お嬢さんが夜中に男のようにどなり出して暴れて、お父さんにまたがって首を締めたりするのだそうです。もの凄い修羅場《しゅらば》で、その奥さんはどうしていいかわからない。

ご主人は、「こんなことなら、誰かが一家全員を殺してくれたほうがよっぽど楽だ」などと言っていたそうです。

そして心労のために急に痩せ出した。病院に行ってみると、糖尿病とガンとを一緒に患っていたのです。怖い話です。もうめちゃくちゃなのです。

それで私に、霊を祓《はら》ってもらえないか、というのです。それはやっていませんとお断りをし、とりあえずお帰り願いました。

その日、眠ろうとすると、お役目を授かってしまいました。金縛りにあい、まだお会いしたことのないご主人とかいろんなものが見えてきました。

それは、そのご主人のせいで工場が潰《つぶ》れ、破産に追いこまれて首を吊って死んだ、中小企業のおじさんとその一家の人たちの呪いだったのです。

夜中でしたが、その奥さんを紹介した人に電話をして、

「あの方のご主人は間接的に人を殺している。そのご主人のために一家心中した人たちの呪いだったのよ。これは私では解けない。あのご主人は何をやってた人なの？　高利貸しか何か？」と訊いたら、税務署の腕利《うでき》きの署員だったというのです。情け容赦《ようしゃ》もないので有名な人だったそうです。転勤の度に自分の手柄のために、〈お土産《みやげ》〉と称して凄いマルサぶりを発揮したのだそうです。

それを奥さんに翌日言ったそうです。そうしたら奥さんはそんなことは全然ご存じなかった。「ご主人に聞いてごらんなさい」と言うと、「主人は病気ですから、そんなこと聞けません」と言ったというので、私から「それはちゃんと聞い

て、その霊に謝って除霊をしないと、今度は奥さんのところにも来るし、もっとひどいことになりますよ」と伝えたのです。

それで病院へ行って奥さんはご主人に聞いたそうです。そうしたらご主人は思い当たることがあると言ったそうです。

重箱の隅をつつくようにして税金をとり立て、人が苦しもうが何しようがまったく冷徹で、心を動かさない。「情は禁物」というのがご主人のモットーだったそうです。ただひたすら自分の成績のために、情け容赦もなく情状酌量《じょうじょうしゃくりょう》もなしに暴きたてていた凄腕《すごうで》の税務署員だったのです。ですから、多くの人に怨《うら》まれていたということでした。

ご主人は自分がそういう目にあっているのに、自分が悪かったとは言わず、暴かれるような不正をやるほうが悪いと言っているのです。自分は国のために正しいことをやっていたのだ、悪いことをするほうがいけないんだ、恨《うら》むほうが悪い、と言って、全然奥さんの言うことを聞いてくれないそうなのです。

それを聞いて私は、「そうですか。では皆さん助かりませんね。そういう気持ちの人だからやられるのです」と言ったのですが、奥さんはいい人ですから、本当にお気の毒なのです。それで奥さんを霊媒のところへ連れて行きました。現れた霊は、「ただは殺さぬ」と言います。

「生かしておいて、苦しめて苦しめて、この世の苦しみを全部味わわせてやる。それから最後に命をとる。皆殺しにする。自分のところもこいつのために皆殺しにあったのだから」と言うのです。

恐ろしい話でしょう？　税務署の人たちはよくお読み下さいね。

人を泣かせたり不義理をした人たちは、ある時期は隆盛を極めるのです。飛ぶ鳥を落とすぐらいに隆盛を極めます。それは、落とされたときの落下距離を広げるために持ち上げられるのです。高いところへ登った人ほど、落ちたときには悲惨ですから。そういうことをよく計算しているのです。

隆盛を極めるということは、必ずその後《あと》がある。そのために隆盛を極めさせるのです。隆盛を極めている最中はわからないから、得意満面で、天下をとったような気になるけれど、実はそれは落とすための〈魔〉の計算なのです。いろんな企業でも、隆盛を極めているところは後でものすごいしっぺ返しが来るということを知っていたほうが良いでしょう。

人を泣かせたりあこぎなことをして儲けた人は、生きてることを後悔するぐらいのしっぺ返しが必ず起きるのです。

嫁を怨み続ける姑

嫁姑《しゅうとめ》の問題で恐ろしいものを見たこともあります。

作家の川上宗薫さんから、ある画家の方を見てやってほしいと言われたのです。心配だから何とか助けてやってくれないか、と。

以前、川上さん自身のことで、問題を解決して差し上げたことがあったので、私の霊能力に関しては信用していただいていたのです。

私が、「その人じゃないでしょう？　その人の奥さんじゃないの？」と言うと、

「え？　すごいや。何にも言わないのに何でそんなことがわかるんだ？」とお訊《き》きになります。

「私を誰だと思ってるの？　その人、癌《ガン》でしょう？」

「そうだ。ダメだろうか」

「ダメですね。あと一週間早ければなんとかなったかもしれないけれど、もう治らないところまで来ている。手遅れよ」

「しかしね、ハンパな苦しみようじゃないらしいんだよ。悪いけれど見てやってくれないか」

もう、半年も苦しんでいて、モルヒネを一日に十八本も打っているというのです。癌は全身に広がって、ご主人が行っても身内が行っても、顔も判《わか》らないそうです。お医者さんの顔も判らず、ただぼーっとしているそうなのです。

「そうでしょうね。助からないはずよ。私が行って治すことは出来ないけれど、ただ、楽に死なせてあげることは出来るかもしれない」と申し上げると、それでもいいからということで、病院に伺いました。

病室に「お邪魔します」と入って、ふと見ると、白髪のお婆《ばあ》さんが髪を逆立てて、その奥さんに馬乗りになって首を絞めているのが見えたのです。

お経を上げ、「えーい」と喝を入れるとそのお婆さんは消えました。

ですが、その代わり、私がやられて倒れたのです。病院の廊下の長椅子に二十分くらい横になって、ビタミン注射のようなものを打ってもらいました。

しばらくして病室に戻ると、夫が来ても身内が来ても判らない、その奥さんがベッドの上から、「ああ、丸山さんだ」と当時の私の名を呼ぶのです。

「ああ、丸山さん。ありがたいわね」と言って拝むのです。

その人とは初対面でしたから、私のことなど知るはずもない。テレビで見たことはあったかもしれないけれど、お目にかかるのは初めてでしたから、皆さんビックリしていました。


それから、その方のお宅に伺いました。仏壇の前に座ると、飾ってある写真がさっき見た白髪のお婆さんでした。それはご主人のお母さん、お姑《しゅうとめ》さんで、さきほどの奥さんと仲が悪く、何かと対立していたそうなのです。雪の日に喧嘩になった時など奥さんを庭に出したまま家に入れなかったような方だったそうです。そのお姑さんが亡くなったあと、奥さんは家の宗旨を替えてしまったそうです。姑が拝んでいたものなど嫌でしょうがなかったのでしょう。

「そういうことをするからですよ。それはしてはいけませんでしたね」と申し上げ、拝み始めました。

すると、お婆さんが出てきて、五、六十センチくらいの長さの朱鞘《しゅざや》の短刀がある、と言うのです。その短刀を自分の娘、すなわちご主人のお姉さんに形見として残したのだけれど、それを今患っている奥さんが、ウチが長男なのだから私が貰《もら》うと、持って行っているらしいのです。

拝み終わってご主人に伺うと、確かにウチにあります、と、その短刀を持っていらっしゃいました。もう古くて、鞘《さや》の塗りも剝《は》げかけているような代物《しろもの》でしたけれど、そのお婆さんがお嫁入りの時に持ってきたお守り刀で、それを自分の娘に持たせてやろうとしたのです。ところが嫁が横取りしてしまった。その怨みもあったのです。

ご主人に「これをあなたのお姉さんのところへお返ししなさい。そうすればお母さんも鎮《しず》まるでしょう。私がちゃんと言って聞かせましたから」と申し上げました。すると、一日十八本もモルヒネを打たなければならないほど苦しんでいたその奥さんが、翌日は八本になったのです。程なく四本ですむようになり、一週間後にはモルヒネは必要なくなり、そして静かに亡くなりました。

かように、嫁姑の問題というのは、あの世まで持ち越すことがあるのです。

〝バカは死ななきゃ治らない〟という言葉がありますが、バカは死んでも治らないのです。ですから、今世のうちに、生きているうちに問題を解決しておかなければならないのです。そうしないと、あの世まで持ち越すことになるわけですから。そして怨霊《おんりょう》にならなければならなくなる。生きているうちの心掛けがいかにモノを言うかということなのです。

佐藤愛子さんのこと

作家の佐藤愛子さんから、ある日電話がありました。

「北海道に別荘を買って、その別荘に幽霊が出るのでなんとかしていただけないか」というご相談を受けたのです。それまで、佐藤さんとはご挨拶する程度のお知り合いで、別荘をお買いになったことなど、まったく存じ上げませんでした。

かつて、強盗に入られた時にも、強盗犯にお説教をして追い返したほどの気丈な方が〈お化け〉にだけは勝てないらしいのです。

電話でお話ししている最中に突然見え始めました。

「その別荘は、小高い山のちょうど天辺《てっぺん》を切り開いて、半分だけ切ったような地形のところの手前の方に一軒だけポッンと建っていますね」

「私の別荘を写真か何かでご存じなんですか?」

「いいえ。存じませんけれど、私にはそう見えます。その別荘から二、三〇メートルほど下がったところに……木で造った建物、窓のない、神社か物置か……

たぶん神社だと思うけれど、土地のお稲荷さんと海の神様で、たぶん名はコトシロヌシノミコトという〈龍神《りゅうじん》さん〉をいっしょに祀《まつ》った神社があるはずです」

「いいえ、そんなものはありませんよ。何もないんです」

「あるはずです」

「じゃあ、それは当たらないのかしら」とおっしゃるので、

「ちょっとお待ち下さい。お宅の庭から、まっすぐ右側の方へ野原が広がっていて、その遠くに無縁墓がひとつありませんか」

「あります」

「その向こうは海が見えていて、その海にちょうど陽が沈むようになっていて、太陽が沈むところが島の岬の突端にあたるでしょう」

「まあ……。家へいらして、庭からご覧になったみたい。写真か何かで一度お見せしますよ。ぴったりその通りです」

「その無縁墓の先の野原をずっと行くと、昔からある古い村があるでしょう」

「そんなもの、ありませんよ」

「いいえ、小さな村がありますよ、古い村が」

佐藤さんは村などはない、とおっしゃいます。

……確かに見えているのだけれど、変だな……

「とにかく幽霊の正体は何なのでしょう」とお訊《き》きになります。

「幽霊は幽霊なのだけれど、縁のない霊ではなく、佐藤さんの家の縁の方で……若い女の人です。口元がちょっと出っ歯のような感じで、二十歳をちょっと過ぎたくらいの。髪は長く伸ばしています。色は抜けるように白くて……浴衣《ゆかた》のような着物を着ていらっしゃいます」

佐藤さんが親族の写真を調べてみると、それは、佐藤さんが生まれる前に亡くなっていた、佐藤紅緑《こうろく》さんの娘、つまり佐藤さんの腹違いのお姉さんだということがわかりました。その人の霊が来ていたのです。

「その幽霊と関係あるのかしら、家に置いてあるものがなくなったり、鉄でできた、とても人間の力では持ち上げられないようなものが、とんでもないところに置いてあったりするのだけれど。それと、屋根の上をガサコソと人が歩く音がするのです。いったい何者だろう。ドシンドシンとやっている時もあるのです」

「それは、土地の霊ですね。土地のお稲荷さんと龍神さんが祀ってあったのを、しきたり通りに動かさないで、人間の都合で勝手に動かしたのですよ。それで土地の霊〈眷族《けんぞく》〉が、……上のほうにいらっしゃる神様ではなくて、下のほうの眷族ですが、それがいたずらしているのです。その土地はもともと神様の土地で、人間は住んではいけない場所なのです」

とにかく、その別荘の建っている土地のことをよくお調べになって下さい、と申し上げました。

さっそく、下の村に下りて、佐藤さんがお調べになりました。すると私が申し上げた、その別荘からちょっと下りたところに、〈鳥取県の方〉から分祠して持ってきた海の神様が祀ってあったそうなのです。ところが、山の中の神社なので、村の人々がお詣《まい》りにゆくのが大変だし、面倒だからということで、その〈神様・神社〉を麓《ふもと》に降ろしたそうなのです。村に降ろす時に、しきたりでは白い布を敷き、その上を渡らなければならないのに、気持ちが通じていればよいだろうと、草を刈って白布の代わりに撒《ま》いたそうです。また、夜降ろす際には法螺貝《ほらがい》を吹きながら歩く、ということになっていたのに、法螺貝がないからと、担《かつ》いだ人たちが口々に「ボー、ボー」と、口真似をして降ろしてしまった、ということでした。村人がしきたりを守らず勝手に自分たちで決めて降ろしたのです。

佐藤さんが電話の向こうで驚いた様子でおっしゃいます。

「不思議ですね。いらしたことがないのに、どうしてそんな事が……」

「それはともかく、村はどうでした？　古い村が見えたのだけれど」

「それが、昔あったそうです。今は影も形もなくなっているのだけれど、言い伝えによると、〈ピシンコタン〉、美人の村、という意味だそうですけれど、そういう名前のアイヌの村が、美輪さんがおっしゃった通りの場所にかつてあったそうなんです。その村が昔、消えてしまっているのです」

「佐藤さん。あなた、前世は余儀《よぎ》なく〈アイヌの女酋長《おんなしゅうちょう》〉になった人物ですね。あなたは、そこへ、因縁のある場所へお帰りになったのですよ。その人物は、やむを得ない事情、旦那さんか弟さん……そういったお身内の男の方の復讐《ふくしゅう》のために、女でありながら自らが酋長となって戦った……その土地がその戦いの場所なのです」

そこでまた、佐藤さんはお調べになりました。そうすると、やはりそういう言い伝えがあったのです。松前藩《まつまえはん》と戦わなければいけないのにアイヌの部族同士の戦いがあり、その戦いで酋長が亡くなってしまいました。和人（本土の人間）と結婚していた〈姉〉が故郷に戻り、酋長を継《つ》いでウトマサという名の〈女酋長〉として戦ったという伝説があるのだそうです。

「実際にそういうことがあったのよ」

「きっと、それが佐藤さんの前世なのでしょう」と申し上げました。

その後、東京へ戻っていらした時に、当時私がやっていた店へ訪ねていらっしゃいました。そして、

「このあいだお話ししたことの他にも、あの家に誰かいる気配がしたり、いろんなことが起こるのだけど」と、言われます。

「そうですね……それを収めるためには、その土地に背の低い、色の黒いお坊さまがいるはずです。その人に頼めば供養してくれます。供養すれば悪戯《いたずら》はしなくなりますよ」

早速帰ってからお探しになると、年をとった方でしたが、そういう人が本当にいらしたのです。そのお坊さんに頼んで供養をすませ、お不動さまの像を建てると、まったく現象が起こらなくなったそうです。その連絡をいただいた際に、

「そのお坊さんではなくて……もう一人若い方がいらっしゃいますね」と言うと、

「その人の息子さんもお坊さんなんですが、その人のことですか」

「その人、いい人でしょう？　なぜお坊さんになったのかといえば……高い崖《がけ》の上に人がいて、そこから谷川の水を汲《く》みにゆこうとするのだけど、何かが爆発して土に埋められて、そこで死んでいる。何かわからないけれど、それが原因でお坊さんになっているのですよ」

「判《はん》じ物《もの》みたいで、わからないわ」と佐藤さんはおっしゃいます。そして、佐藤さんはそのお坊さんに訊いてみたのだそうです。そうすると、そのお坊さんが、

「へえ……すごいですね。私、じつは土木工事の監督をやってたんです。その時分、発破《はっぱ》の手違いやら事故やらで働いていた人が死んだんです。ある時、私が

可愛がっていた部下の一人が、水を汲みに谷川へ下りていったんですが、彼に全然知らせないまま発破を爆発させてしまったんです。本来、危険なことですから、発破を焚《た》くときは全従業員に連絡をしなければいけないんですが、彼には連絡がいってなかったらしいんです。焚くほうも知らないままで、結局、崩れてきた土砂に埋まって死んじゃった。それを見たとき、本当に諸行無常《しょぎょうむじょう》というか、はかなくなってしまって、仕事を辞めたんです。事故で死んだ人たちの菩提《ぼだい》を弔《とむら》うためにに僧侶になったんですよ」とおっしゃったそうです。

その話を聞いたとき、また、

「その爆発で死んだ人には、ちいさな子どもと若い奥さんがいらっしゃいます。今、子どもと奥さんが苦しい生活をしている、食べるのに困っています。それが気になって成仏できないでいるから、その二人を捜してちゃんと生活できるように、面倒を見てあげてください」と私は言いました。

思い出してみると、その人が死んだときお通夜《つや》の席に、乳飲み子《ちのみご》を連れた奥さんがいたのだそうです。捜して、面倒を見てあげるようにと再度申し上げた次第です。

そういったことがあって、佐藤さんが、

「不思議ねえ、美輪さんって。そんなに何もかも、現世と過去世とを両方わかるなんて」と言われます。

「私にもそれがなぜか、というのはわからないのです。神様から指令がある時にしか見えないのです」とお話ししていると、不意に見えました。

「あら、佐藤さんのご先祖だと思うのだけど、奉行《ぶぎょう》、勘定奉行《かんじょうぶぎょう》をなさっていたんですね」

「え？」

「勘定方で、多分お奉行さまだと思うのだけど……その人、濡《ぬ》れ衣《ぎぬ》を着せられて割腹《かっぷく》して亡くなっていますよ。若い奥さんと子供を残して、悲憤慷慨《ひふんこうがい》の思いで亡くなっています。その、悔しい思い、濡れ衣だというのに死なねばならぬという思いがあなたに来ていますから、だから佐藤さんは世の中の理不尽なことだとか、筋の通らないことに対してカーッと頭に来るのですよ。それは、そのご先祖の血を引いているから、そうなるのですよ……そういう方というのがいらっしゃ

るのです」、そう申し上げると、佐藤さんは、

「いや、家は津軽藩なのだけど、足軽くらいでね。そんな勘定奉行だなんて偉い人はひとりもいませんよ」

いません、いません、と否定なさいます。

「足軽だったけれど、女房の力で何十人扶持《ぶち》だか何だかまで、侍《さむらい》になって出世したという情けない話はありますけれど、それくらいがせいぜいですよ」と。

「じゃあ、私が間違っているのでしょうか、調べてごらんになるといいのですが」と言いながら、お別れしました。

家に帰られた佐藤さんが寝ようとしたとき、ふっと『そうだ、由緒書《ゆいしょがき》があったはずだ』と思い出して（こういったことは霊がやらせていると思うのですが）、探したら、出てきたそうです。それを調べると、いろいろとご先祖の名が出ているのですが、その中に〈勘定方《かんじょうがた》御役目《おやくめ》不届《ふとどき》の儀《ぎ》ありてお役《やく》ご免《めん》〉、すなわち勘定方を務めていたけれど不始末のために役目を解かれたということが書いてあったそうです。佐藤さんのお父さんは有名な作家、佐藤紅緑《こうろく》さんですが、その紅緑さんの父が佐藤弥緑さんという有名なお祖父さんで、その弥緑さんのお兄さんがそ

のお侍さまだったのです。佐藤さんの大叔父にあたる方です。その方がそういう非業の死を遂げて、残された妻と子どもは、弟の弥緑さんが引き取り、その妻と弥緑さんは夫婦になったのです。そして生まれたのがお父さんの紅緑さんだったのです。

先祖の問題というのはどんな方にでもあります。それは様々な形で現れるのです。皆さんも、たとえば体の調子だとか、事業とか、好不調がありますが、それはそういうことが影響している場合があります。ですから、現実的な解決というものが、もちろんいちばん大切なのですが、それ以外に原因がある場合がある。ですから「これは何かおかしい」と思ったときには、それをあらゆる角度からお調べになったほうがいいでしょう。この世に〈見える〉ところだけではなく、四次元の〈見えない〉ところを考えて、探ってゆくと、必ず答えがあります。

先祖の因縁

以前関西のK市へ行きました時に、ある霊媒師さんとご一緒しました。地元の方の家に、大勢人がいらして、その中に、『今助けなければ、死んでしまうな』という方がいたのです。その家の奥さんに「あの方、ちょっとおかしいのだけれど」と申しますと、

「ええ、あの方は、もう長いことご病気で、お医者さんも見放すような有様です。髪の毛も抜けて、膠原病《こうげんびょう》ではないかというのですが、よくわからないのです。あのお宅は、家族中が何かに祟《たた》られているような家なのですよ。よくおわかりになりましたね」とおっしゃいます。聞けば小学校の先生なのだそうです。

私は、「ここにお集まりの方々の中で、市長候補とか県知事候補とかそういったお偉い方たちはどうでもよろしい。あの人を助けなければ。いちばんかわいそうな方ですよ」と言って、霊媒師さんに「ちょっと、あちらの方を見てあげていただけないか」と頼みました。すると、

「いや、私は三人も続けてやらなければならないから、体が一つで大変です。とんでもない。出来るわけないですよ」と言うのです。偉い人やお金持ちを優先的に選んでいるのです。

「お願いだから、助けてあげて」

「だめだめ、私は自分の体が大事だから」と、とりあってくれません。よし、そこまで言うのか、と思い、とにかくその三人が終わるのを待ったのです。終わった時、『今だ！』と、その小学校の先生を霊媒師さんのすぐ後ろへ、さっと押しやりました。そして私は、その背後から念力で『出せ！　出せ！』と気合いを入れたのです。

すると行者さんは、うーん、うーんと唸《うな》っています。出したくないので、一生懸命霊を追い払おうとしているのです。うーん、うーんと動けずに、唸り続けています。結局、こちらの力が強かったのでしょう、霊が入ったなと、その人を脇へ移動させました。とたんに、霊媒師さんがその人の方へ、目を閉じたままで、すーっと向きました。

そして、「うわっははははは」と大哄笑《だいこうしょう》しはじめました。それが悪魔のような笑い方で、その場にいた人たちはもう凍りついたようになっています。笑っているのだけれど、もの凄い形相《ぎょうそう》なのです。そして、

「苦しめ、苦しめ、もっと苦しめ。あいつも殺した、こいつも殺した。みんな殺してやった。次はお前の番だ！　だが、ただは殺さん。苦しめて、苦しめて、

生かしたまま、ゆっくり苦しめて、そうして命を取ってやる!」と叫ぶのです。その言葉を聞いた瞬間、私にはふっとそれが何者かがわかったのです。正体がわかったので、

「よくもお前、裏切っておいて、私の前に顔を出せたな」と言いますと、私の方をひょいと見まして、

「あっ、大将じゃ、大将じゃ」と言いながら、着ていた羽織《はおり》を頭からかぶってしまったのです。

「ようも私の前に顔を出せたな。仲間を裏切っておいて、ようも顔を出せたな」

畳みかけるように言うと、羽織をかぶったたまま、

「顔を出せんから、こうしているんじゃわい」というのです。

「名を何と申す。名を名乗れ」

「名乗る必要などないわい」

私は、この者に憑《つ》くのをやめ、離れれば、供養もしてやる、線香もあげてやるからと申しました。すると、

「線香もいらん。墓もいらんわい。供養など何もいらん。こいつさえ殺せばそ

れでいいんじゃ」というのです。

どうしてそうなってしまったのか、訳を聞かせよと言うと、

「おう、聞かせてやる。神も仏もあるものか」と、話し始めました。

その理由は、なんと島原の乱の時の出来事だったのです。十六歳になった自分の娘が――当時の十六歳といえばもう一人前で、お嫁に行ってよい年頃です――キリシタン狩りで捕らえられ、衆人環視《しゅうじんかんし》の中、丸裸にされて、さんざん嬲《なぶ》りものにされたあげく、簑《みの》を着せられ、手足を縛られて火をつけられて焼き殺されるという、〈簑踊りの刑〉にあったそうなのです。その娘の死体を見たときに、何の罪もない我が娘がこんな死に方をするとは……もう神も仏もない……つまりゼウス様もなにもありはしないと思ったのだそうです。

捕まっていた友達が逃げてきて、二人で逃亡した。追っ手を斬って斬って、斬りまくって、囲みを抜けて逃げるのです。全身傷だらけになり、水車小屋に倒れ込みました。その友達が酒で傷口を洗ってくれて、お前も呑《の》めといわれて、酒を呑んだ。そして泥のように眠って目覚めると、傷だらけで足手まといの自分は置

き去りにされ、友達は一人で逃げていたそうです。逃げ遅れた自分は捕まって、なぶり殺しにされてしまった。ですから、置いて逃げた、その友達を恨んでいるのです。

目の前にいる、その小学校の先生がその逃げた友人の子孫にあたり、未来永劫《みらいえいごう》

その家系を取り殺すというのです。

「よし。では、お前は成仏せずともよい。線香もいらんだろう。それはわかっ

た。それなれば、こちらもお前を供養するのをやめよう。しかし、お前の娘は今

どこにおる？」

「ここにおるわい」

「どのような姿をしておる」

「裸でおるわい」

「お前、それでも親か。我が娘が何百年ものあいだ、裸で、お前のそばの真っ

暗闇の中で泣いておって、それを平気で見ておる。それが親のすることか」

そう言うと、その霊がしくしくと泣き始めました。

「情けないと思わぬか。哀れだとは思わぬか、自分の娘が。お前は成仏せずと

もよかろう。だが、娘だけは成仏させて、極楽で神々の御手に抱かれて、諸仏菩《ぼ》薩《さつ》に囲まれて、安らかな思いをさせたいとは思わぬのか」

これを聞いていた、小学校の先生が言います。そういうことなら私の家のものと同じように供養いたしましょう、と。

「お前も、〈魔〉になって恨んだとて、何もよいことはなかろう。ここで十分徳を積んで、娘を成仏させるがよい。この方が供養されると言っておられるのだから、供養をさせてあげなさい」

霊は黙ってただ泣いています。そしてやや静まった頃、

「何か欲しいものはないか？　欲しいものがあれば遠慮なく言うがよい」

「……しからば、裸でおる娘のために、着物を一枚所望《しょもう》致したい。湯もじ一枚であろうとも、どのようなものでも結構にござる」

「それならば、花柄の、美しい、娘らしいものを進ぜよう。お前、腹は空《す》かぬか？　何も食べておらぬのであろう？　魚はどうじゃ？」

「いや、結構でござる。武士は腹が減っても、〈ひもじい〉とは申さぬものでござる」

「握り飯はどうじゃ」
「ははあー、結構にござるなあ」
「酒《ササ》はどうじゃ」
「いや、酒《ササ》は、もう懲《こ》り申した……」

では、家のものと区別なく供養いたしましょう、ということになり、やっとその霊は名を名乗りました。娘と一緒に成仏させたのです。その後、小学校の先生はみるみる丈夫になりました。いろいろと資格をとってその方面でも繁盛して、やっとその家族に春が来たのです。

以上のように、先祖の因縁というものはたくさんございます。一難去ってまた一難、次から次へと来るのですが、全部供養しておあげになると、決して悪いことはないのです。いずれは自分が、そういう供養を受けなければならない身になった時に、そういった供養をしておけば、ちゃんと受けられるようになるのです。それを考えて、きちんと供養をしていただきたいと思います。

繰り返す前世

また、別の機会には、こういうこともありました。

ある女性を見て、「あなたは前世で、年の離れたお爺《じい》さんみたいな人のところへお嫁にいったのよ」と言ったら、そこに集まっていた皆さんが大笑いされるのです。どうしてと訊《き》くと、その人の今のご主人は「ご隠居《いんきょ》さん」というあだ名だと言うのです。また、「この人は前世で、何かあると緑と白の縞《しま》の着物を着ていましたね」と言うと、また大笑い。その人はPTAや何かの集まりのときには、緑と白の縦縞のワンピースを着てくるそうなのです。「お稲荷《いなり》さまのおかげで守られている」というと、また皆笑う。稲荷神社の信者総代のところへお嫁にいったというのです。「そうですか、前世のご主人、茶の湯が大好きでしたね」と言うとまた笑う。今のご主人も茶の湯の道具を蔵いっぱいにお持ちなのだそうです。

「そうですか、ところで相談事がおありなのでしょう?」と伺うと、その女性が、「実は、主人の弟が今度、嫁をもらうというんですけど、その相手の女性が、首に火傷《やけど》のような変な傷を持っていて、因縁の深い人のような気がして私は反対しているんです」と、言います。

周りの方々は反対しているのかと訊くと、皆は喜んでいる、反対しているのは自分一人だと言います。

私は言いました。

「その傷はあなたがつけた傷ですよ」と。

「ええっ？　なぜですか？　私は何もしてませんよ」

「それは前世でやったことなのですよ」

その弟さんと結婚しようとしている女性は、前世では浪人者の娘でした。長唄の師匠のところへ内弟子として入って家計を助けていました。落ちぶれた浪人者とはいえ、れっきとした武家の娘。学問もあり、立ち居振る舞いも非の打ちどころがない、りっぱな娘さんだったのです。

その娘さんに、ある商家の息子との縁談が来ました。

ですがその男の義理の母が徹底して反対するのです。なぜかと言うと、その義理の母はその女性の学のあるところや振る舞いが立派なところが妬《ねた》ましく、憎くてしょうがなかったからなのです。徹底した反対にあって、それを苦にしたその娘さんはその男性と首を刺し違えて心中してしまいました。

その反対していた義理の母というのが、相談にみえたその女性の前世なのです。

「その時のことを解消するために、あなたは生まれてきたのでしょう。ですからその弟さんと結婚するという女性、インテリでしょう？」と訊きました。

「……ええ、薬科大学を出ています」

「あなたは前世と同じことをしている。あなた自分に学歴も学もないから、その人に学があるのが妬ましくて、憎いのでしょう？」

その人は言いづらそうに小さな声で、「そうです」と、それを認めました。

私は、「では、悔い改めて、前世の償《つぐな》いをするために、あなたが先頭に立って、弟さんとその娘さんの結婚を段取りをしてあげて、その娘さんに尽くしなさい。周りの皆さんも喜ぶし、その弟さんも反対されて恨んで反抗していたのが直るでしょう。あなたのことを『ねえさん、ねえさん』と慕《した》ってくる。すべてうまくゆくでしょう？　そうしたら来世にその事を持ち越すこともなくなりますよ」と言いました。

その女性は素直に私の言ったことに従ってその二人を結婚させてあげ、その後とても上手《うま》く行っているそうです。

過去の傷

また、前世ではなく、過去の出来事が見えることもあります。

ある染物屋《そめものや》さんの奥さんの話ですが。とても勝ち気な方でした。ご主人がだらしなく、商売も下手《へた》でいつもあまり大儲けできないことをご相談にいらしたのです。周りの人たちも「奥さんがお気の毒で。一生懸命やっているのにご主人が何もしないいんです。もうちょっとしっかりするように、言ってやってください」といろいろ言うのです。奥さんも自分の健気《けなげ》さを私から褒《ほ》めてもらいたかったのです。

私は、「いいえ、違いますよ。全部悪いのは奥さんです」と申し上げました。その場にいた皆さんは奥さんに同情している方々でしたから、吃驚《びっくり》しています。その奥さんも皆の前でご主人に意見してもらおうと思っていたわけですから、自分が悪いなどとは夢にも、露《つゆ》ほども思っていないのです。むっとしていました。

「奥さん。ある秋の夕方、土手を散歩していて、こんなに大きなお月さんが世の中にあるだろうかと思うくらい大きな赤いお月さん、見たことあるでしょう？」と、私が言うと、そうしたらその奥さんの顔色がみるみる変わってゆくのです。

「それがすべての原因ですよ」

奥さんは真っ赤になってしまいました。

それだけでわかりますね、と言うと黙っています。側《そば》にいらしたご主人をはじめ周りの人たちが「どうか、私たちにもわかるように言ってください」とおっしゃるのです。

「言ってもいいですか？」

「……いいです……」

「あなたは嫁に来る前に、好きな男性がいましたね。でも、その人はあなたのことをちっとも好きではなく、あなたがあんまり言い寄ってくるから、仕方なしに同情して付き合っていた。あなたに恋もしていなければ、愛してもいない……。そしてある日、土手を自転車を押して歩きながら、その男性と二人で散歩している時に、そのお月さんを見た」

その日が、最後のデートだったのです。

「それっきりあなたは捨てられた。あなたは捨てられた女なんです。それなのに、今のご主人と結婚した時には、嫁に来てやったんだという恩着せがましい思いがあったでしょう? セックスも含めて『あの人だったらこうはしない』とか、『あの人ならこうしてくれた』と、すべて心の中で比べているのです。だから、うまくいかないんですよ。今のご主人はあなたに尽くしても尽くしても比べられてしまう。嫌にもなりますよ。このことは知らなかったでしょうけれど、でも本能的にどこかでわかるんですよ。全部あなたのせいですよ」

その奥さんの瞳から涙がこぼれます。ぱらぱら、ぱらぱらと。

「感謝が足りない。あなたは捨てられた女なのよ。思い上がりをやめて、私のようなゴミを拾ってもらってありがたいと思わなくては。ありがたいと思いなさい。心を入れ替えて『今までの事、申し訳ありませんでした』と、ご主人に謝って、一生懸命尽くしなさい。そうすればうまくいきますよ」と申し上げました。

「ご主人は器量は良くはないけれど、女遊びをするわけじゃない、よく働くし、真面目な人だし、ちょっとくらいとろくてだらしなくったって、あなたにとっては言うことのない良い旦那様ですよ。本当、もったいないくらいのご主人ですよ」と言い含めたのです。

成仏しない霊

三島由紀夫さんが自決なさったときに憑《つ》いていた霊は、二・二六事件の首謀格《しゅぼうかく》で、磯部浅一という人の霊でした。私はその人のことを知らなかったのですが、「三島さん、あなたに、なにか憲兵隊のような服装の霊が憑いているわよ」と申し上げました。

そうすると、「名前は何という？」と言われます。

「名前はわからない。でも思い当たる人の名前を言ってごらんなさい。もし、その霊の名前なら、霊の影が消えるから、言ってごらんなさい」

私がそう言うと、では、ということで、いろいろと名前をおっしゃいました。

「甘粕《あまかす》か？」

「いや、そうじゃない」

それ何とかだ、何とかだと四つくらいおっしゃって、どれも違うのです。

「ふうん。じゃあ磯部か」と三島さんが言った瞬間にその影がパッと消えたのです。

「その人ですね」と言うと、

「君は、磯部と云《い》うのを知っているのか？」

「いいえ、知らないけれども、確かに影が消えたからその人ですね。その磯部という人はどんな人だったの？」と訊くと、

「二・二六事件の反乱軍の将校たちの首謀格で、事件の後、処刑されているんだ。死後、天を恨み、国を恨み、天皇陛下を恨み、友を恨み……とにかく、呪いに呪いまくった遺書が出てきたんだ。そういう奴だ」とおっしゃいます。

「そう、じゃあ地獄にいるのですね。しかし、こうして他人に頼ってくるとは一体何事だろう」と、言ったのですが……。

そういう死に方をしている人というのも、結局、感謝が足りないから、呪ったり、恨んだりすることになるのです。自分で反乱に参加して死んだのだから本望でしょうに、それを思い違って、誰かのせいにしているのです。ですから、私は、

よく〈お化け〉が出てきた時に、お経を上げて〈引導〉を渡すのですが、幽霊というのは、人のせいにしていることが多いのです。成仏しない霊はほとんどがそうです。何度も言いますが、バカは死ななきゃ直らないというのは嘘です。生きている時に、物わかりが悪くて、頑固で、反省の色のない人というのは、死んでも同じです。同じ状態が続いているのです。ただ、肉体がなくなったというだけのことなのです。人は死ぬ時に想念がそこでストップモーションになります。死ぬときの想念が『あいつに裏切られた、悔しい』というふうになっていると、その想念がエンドレスになって回るのです。死ねば想念の世界にいるのだから、自分の想念が即、自分の住むところとなります。清く正しく美しい心になれば、そのような世界に住むことになり、心次第ではその逆にもなる。〝地獄極楽は胸三《むなさん》寸《ずん》にあり〟ということなのです。

そのような霊についている守護霊や指導霊は大変だと思います。指導霊というのはその人が死んでから、いろいろと指導をしてくれる霊のことです。背後霊がいて、また守護霊が別にいるのですけれど、死後しばらくはその指導霊がいろいろ導いてくれるのです。

ところが、死後、指導霊さえも匙《さじ》を投げて呆《あき》れかえるほどの頑固者がいるのです。それは、生きている時にそういう心がけの人なのです。それをみんな人のせいにしているのです。自分が死んだことも、苦しかったことも、辛《つら》かったことも、いろんなマイナス面を、みんな他人のせいにしてしまうから成仏できないのです。

そういう霊に対して、「あなた、前世はどうしていた？ 何をしていた？」と問答をするわけです。

「これは誰のせいだと思いますか？ あなたは前世でいろいろと悪いことをしている、それに対して、詫《わ》び、供養をして、先祖を供養したりしましたか？ 神様に願を掛けて、願いが叶《かな》ったりした時に、ありがとうございました、とお礼参りにも行っていないでしょう？」と訊くと、

「そうだ」と答える。

「では、誰を恨むことがある？ 全部自分が悪いのではないか？」

すると、黙ってしまうのです。

過去のことばかり振り返っているのです。過去ばかりで、未来のことを考えな

いのです。

そういう霊には、こう言い聞かせるのです。

「これからなすべきことがあるでしょう？　なぜ過去のことばかりにこだわり、しがみついて振り返るのか？　これからのこと、未来のことを考えなさい。菩薩になって、自分の子供や、家族、自分の国の人々、そして世界の人々、困っている人々。そういう人たちが悲しい思いをしないようにと、一生懸命動き廻って働いて、徳を積んで、菩薩としての尊い神様になれるよう修行すればいいでしょう。想念を切り替えなさい。あなたには、これからまだ、ノルマがあるのです。しなければならない義務がたくさんあるのです。これで終わったわけではない。死ねば人生お終《しま》いだ、なんて当然ぶらないことです。この世、現世というのは、長生きしてもたかだか百年も生きられない。〝ただ一睡《いっすい》の夢《ゆめ》ぞかし〟と言うけれど、あの世のほうは永いのです。あなたは、自分のふるさとに還《かえ》ったのだから、これからなのです。あの世での寿命というのは、何千年、何万年と生き続けなければならない。現世というのは、〈旅行先〉〈出張先〉にすぎないのです。自分の本当の故郷に還ったのだから、そこで、自分のすることをよく考えなさい」と、霊に語るのです。

すると、これからのことや、未来ということを前向きに考え始めて、霊もしぶしぶ納得してゆくのです。私はいろんな〈お化け〉と仲良しになりましたが、そういう〈仕掛け〉がわかってくると、この世〈現世〉での自分の身の処し方というのは、本当に大事なのだなあとつくづく思います。〈業《ごう》〉や〈執念〉などを解消して、マイナスの霊にならないようにする、ということは、つまり、日々の生活の中で、自分の気持ちを菩薩にして、「我《われ》は仏《ほとけ》であるぞ」という気持ちで生きる。そうすれば自分が気持ちよく生きてゆけるということだと思うのです。

中央公論を憂う滝田樗陰

三島由紀夫さんがご存命だった頃、出版社の中央公論社に災いが降りかかったことがあります。一九六〇年に雑誌「中央公論」に掲載された深沢七郎さんの小説『風流夢譚《ふうりゅうむたん》』が右翼の怒りを買い、当時社長だった嶋中鵬二《しまなかほうじ》さんの家に十七歳の少年が乱入して、お手伝いさんを殺し、嶋中さんの奥さんに大怪我を負わせたのです。

社長である嶋中さんは事件とその後のトラブルが原因で鬱《うつ》状態になってしまいました。中央公論社とは親しい間柄であった三島さんはその事にとても同情し、嶋中さんに、

「もし、もう一度こんなことがあったら、僕は日本刀を持ってあなたを助けに駆けつける」と、励《はげ》ましたことがあったそうです。

その後、何年も嶋中さんの鬱状態は続いていたそうです。

一九七〇年十一月二十五日、自衛隊の市ヶ谷駐屯《ちゆうとんち》地で三島さんは自決なさいました。嶋中さんはその事にとてもショックを受け、そのせいか長い間の病気が治ったそうなのです。

三島さんの死後、邱永漢《きゆうえいかん》さんと嶋中さんと私とが三人で食事をした際に、「三島さんは、こんな形で僕のことを助けてくれたとはなあ」と感慨深げに申されていました。

ふとそのとき、私に一人のおじいさんが見えたのです。茶色い紬《つむぎ》の着物を着ていて、太っているために着物の前をはだけて座っています。あぐらをかいて、真ん中から分けた長めの白髪がバッサリと前に垂《た》れるほどうなだれて、西日に灼《や》け

た畳を見つめ、脇に置いた一升徳利《いっしょうどっくり》に手をかけた様子は、まさに落魄《らくはく》した明治の文人の風情《ふぜい》でした。そして太く低い嗄《しわが》れた声で、

「会社が危ない。だが、どうしたもんかなあ」と心配しているのです。

「今ならまだ間に合う。何とか立て直すことができるんだが」と、ひとりごとのように話すのです。

嶋中さんに、こういう人が見えたんだけど心当たりがないかと言っても、いや、わからないとおっしゃっていました。

家に帰った嶋中さんが、奥さんにその話をすると、奥さんが、

「あら、まあ、それは滝田さんじゃないの？　いつも年中茶色の紬の着物で太ったお腹を前がはだけた着物から丸出しでいらして、そんな髪型で大酒飲んでいらしたのは、そうよ、滝田さんに違いないわよ」とおっしゃったそうです。それは滝田樗陰《たきたちょいん》さんといって、中央公論社を大きくした変わりもので名物男の編集長だったそうです。そして、私が言った風貌そのものの方でした。嶋中さんのお父さんはその滝田さんの下で編集者として働き、後に中央公論社の社長になりました。お父さんが病気で亡くなり、まだ若かった嶋中さんが後を継いで社長になっ

たのです。

その時期、中央公論社はずいぶん大変な状態だったらしいのですが、滝田さんはその事を心配していたのです。その後、業績不振に陥り、讀賣新聞社に買収されました。今は中央公論新社として再建されましたが、それを何年も前に滝田樗陰は心配して、なんとかならないだろうか、今なら間に合うのだが、とメッセージを送っていたのです。

それは嶋中さん個人についている霊というよりも、会社という組織についているものでした。〈中央公論社を憂《うれ》う霊〉というわけだったのです。

不意に訪れる〈お役目〉

三島さんが亡くなったあと、インタビューにきた新聞記者がいました。彼の心の中に私に対する悪意が見えていました。私が「霊が見えた」と言ったのを、からかい半分で茶番の記事にしようと思っている気持ちがわかったのです。

そして、そのとき一緒に来たカメラマンが椅子の上から私の写真を撮ろうとしました。私が「ちょっと待って、それ魚眼レンズが仕込んであるでしょう」と言

うと、

「へえ、どうしてわかるんですか。それも霊感ですかね」

「そうよ、あなたの中の悪意が見えた」

魚眼レンズで私の顔をとび出たようにグロテスクに撮って、それで面白《おもしろ》可笑《おか》しい記事を書こうとしていたのです。失礼な態度に、相手にする気もなく、取材を断わりましたが、その記者は食い下がります。どうしても取材をさせてくれと言うのです。

「では、あなたがあんまりしつこいから言うけれど、でも記者の方、あなたはどうでもいい。だけど、そっちのカメラマンの人、これはいったいだれ？　さっきからごま塩の五分刈り頭の褞袍《どてら》を着てそこいらをウロウロしているおじいさんがいるけど、それはあなたのお父さん？　お父さんお亡くなりになったのですか？」

「ええ、そうです」と、カメラマン氏。

「なぜ褞袍を着ているんです？」

亡くなる前、入院中に褞袍を着ていたそうです。

「あなたがカメラマンになったきっかけは、お父さんが亡くなった後、お母さんが内職して一生懸命働いているのを見て、あなたはそれまで仕事もしないでブラブラしていたけれど、そのお母さんの様子を見て、オレも親孝行しなきゃしょうがないなと思って、それで働き出してカメラマンになったんでしょう?」と言ったら、そのとおりだったのです。

私のマネージャーも吃驚《びっくり》してそのカメラマンのところへ這《は》っていって訊《き》いています、「いまの話は本当なんですか?」と。まったくどっちの味方だかわかりゃしません。

新聞記者が今度はマジメな顔つきで、自分のことも見てほしいと言ったけれど、「そんな心掛けの、あなたの過去や未来なんかどうでもよろしい」と言って見てあげませんでした。記者とカメラマンは尻尾《しっぽ》巻いて帰って、その記事は結局出ませんでした。

私のマネージャーも最初はまったくバカにして、信じていなかったのです。

ずっと昔、山口県の防府へキャバレーの仕事で行ったときのことですが、駅までそのキャバレーの専務さんが迎えに来てくれたのです。私は助手席に座って、マネージャーは後部座席に座りました。車が動き出すと、突然「いますぐ墓を建ててくれれば間に合います。墓を建てるよう言って下さい」と男の人の声がします。

初対面のその専務さんに、「あなたのお父さんだと思いますが、今お墓を建ててくれれば間に合うけれどとおっしゃっていますよ。まだお墓を建てていらっしゃらないようですね」

と申し上げると、もう吃驚されていました。実際、兄弟の間で揉《も》めていて話し合いの最中だったのだそうです。今建てれば間に合うというのはどういうことでしょうと訊くと、

「秋に一周忌が来るのでそのことだと思います。確かに今建てれば間に合います」とおっしゃいます。

「それともう一つ。あなたには妹さんがいますね。その方が嫁に行った先でお姑《しゅうとめ》さんにいびられて、子供を連れて自殺しようと考えてる。あなたは妹さんに冷たい態度をとっているから、それを心配なさっていますよ。ですから、厄介《やっかい》

でしょうけれど、今度相談の電話がかかってきたら、あなたのほうに引き取るなりして、親身になってやってくれと。お父さんからのことづけですよ」

「実は、このあいだ、妹が嫁《とつ》ぎ先の京都から子供を連れて帰ってきたんですが、説教をして追い返したんです」

「妹さん、今子供と一緒に死のうと思っていますよ。だから、今すぐあなたが電話をして引き取り、優しくしてあげてください。とにかく早く。でないと取り返しがつかないことになりますから」

そういうことを話していたら、後部座席でマネージャーが聞いていて、もう何も言えずにただ唾を飲みこんでいました。バックミラーでそれを見ていておかしかったことを覚えています。


それから数十年経って、ある日、私がうちで拝んでいると、突如として神様が「おまえのところのマネージャーの息子が危ない。オートバイに乗っているが、事故を起こして死ぬ可能性がある。オートバイに乗らないように今すぐ電話して言いなさい」と言うのです。お経を途中でやめてすぐに電話をしました。

私はマネージャーでも親戚でも腹六分のお付き合いですから、家に行ったこともなければ家族に会うなどということは何十年もないのです。マネージャーの坊やも、小さいころに会ったことはありますが、知らないあいだに大きくなっていたわけです。

「あなたの子供って、もうオートバイに乗るくらいに大きくなっているの?」

「そうです」

「じゃあオートバイに乗ってるの?」

「乗ってます」

「神様がすぐに乗るのをやめろと言ってるから、やめさせなさい」

「はい」

そう言ったのに、息子にすぐには連絡をとらず、のんびりと家に帰ってから思い出して、夕御飯のときに、

「美輪さんが、事故を起こすから乗るなと言ってたぞ」と言ったら、息子さんが驚いて、「実は今日、友達と二台で走っていて、自分が先に通りすぎたとたんに向こうから来た車に友達がはねられてケガをしちゃった。それが見えたんだろ

うか」と言ったそうです。その時刻が、ちょうど私が神様から注意された時刻だったのです。

それで息子さんは、もうそれっきりオートバイに乗らなくなりました。その友達も一緒にやめとけばよかったのに、ケガが治ってからまた乗り続けて、結局事故で死んでしまったそうです。息子さんも乗り続けていたら危なかった。それは素直に言うことを聞いたから助かったわけです。

サインを読みとる

私のボーイフレンドで、ハンサムな人でしたが、飛行機のスチュワードになりたいという人がいました。私は「あなたは絶対になってはいけない。あなたが乗った飛行機は墜《お》ちるから」と言ってその希望をあきらめるように言いました。試験を受けるには受けたのですが、難聴のために落とされてしまったのです。地方の会社に勤めはじめて、やれこれでひと安心と私は喜んでいました。

ところが、二、三年後、突然「試験に受かった」といってきたのです。私が怒って、「もうあなたとは口をききたくない。来ないでちょうだい。もう知らないから」と言うと、彼は「そんな冷たいこと言わないで、話を聞いてほしい」と言います。

どうして受かったのか聞くと、耳を手術して再度試験を受けたそうなのです。

私は「もう知らないからね」と言って帰しました。研修期間が終わり、実際に乗務して五日目に、彼の乗った飛行機はニューデリーで墜落し、死んでしまったのです。

また、〈銀巴里〉に来ていたお客さんで、スチュワーデスの方が二人いました。ちょっと親しくなったころ、一方の方にふとひらめいたのです。

「あなたは一生飛行機に乗っちゃダメ。あなたが乗った飛行機が墜ちるから」

もう一人の方が「私はどうでしょう？」と訊くので、「あなたは大丈夫」と言いました。

「墜ちる」と言われた方は、「ああ、よかった。私、結婚して、もう辞めるんです」と言うのです。

私は、「じゃあ、もう乗らなくていいから、良かったじゃないの。プライベートでも乗らないようにして頂戴《ちょうだい》ね」と言いました。

それから二、三年経った頃だと思いますが、しばらく会わないでいたその二人が、そろって〈銀巴里〉に見えました。

「今日はお礼に来ました。親子で命拾いをしたんです」

どういうこと？　と訊くと、

「子供を連れて大阪へ里帰りをしようと思って、トランクに荷物を詰めていたら、長いあいだ忘れていた美輪さんの顔がパッと浮かんで、美輪さんどうしていらっしゃるかなと思ったら、飛行機に乗っちゃいけないと言われたことを思い出したんです」

その人は素直な人だから、すぐに飛行機をキャンセルして、新幹線で大阪まで行ったそうです。実家に着いて、やれやれとテレビをつけてみると、御巣鷹山で飛行機が墜落したニュースをやっていたのを見てゾーッとしたそうです。

「実はそれに乗るつもりだったんです。親子で助かりました」

ですから、何かサインが来た時に、言うことを聞いて素直に受け入れた人は神様は助けるのです。それをバカにして「そんなことなんかないよ」と言っている頑固で疑り深い人は助からないのです。

昔、私が親しくさせていただいていた方々でも、どうしても助けられなかった人たちがいます。

映画俳優で当時大人気だったAさん。亡くなる前に、引っ越すことになったと言うのです。私が方角を見てあげたら、ひどいものでした。暗剣殺とか、本命殺とか悪い方角が重なっていたのです。

その引っ越しはやめるわけにいかないのかと聞いたら、引っ越す先が会社の所長さんのところなのでやめるわけにいかない、と言うのです。会社の命令じゃしょうがないけれど、何とか引っ越さないようにする方法はないかと何度も止めたのです。その人は律儀で真面目な人でしたから、社命に従《したが》って、仕方なく引っ越してしまったのです。

何事もなければよいがと案じていたら、突然の事故で亡くなってしまいました。

ですから、方位とか気学というのは恐ろしいものなのです。

Aさんの場合は会社の命令ですけれども、本人の意思で逆らった人もいました。俳優のTさん。彼がまだ学生の頃から、私はいろいろと励ましなぐさめ、アドバイスをしてあげていました。俳優になってからも、役がつかなくて悩んだりしていた時期もあったのですが、とにかくまあ、やっとスターになったわけです。そして東京の郊外のSというところに家を建てたのです。

私は友人の女優さんたちと一緒に招待されて、彼の新居に行ってみると彼の家は神社の隣だったのです。しかも三階建てですから、神社を見下ろすかたちになっています。私は、これは大変なことだと思いました。

神社やお寺の真ん前とか、すぐ隣というのは〈位高《くらいだか》〉と言って神仏の領域なのです。昔は神社やお寺のテリトリーであったに違いない場所に、家を建てるためにどんどん侵食《しんしょく》していっているわけです。

私は、「あなた、もしものことがあったらどうするの？　不動産屋さんに売るなりして買い替えなさい。買い替えたら、もう神社やお寺の隣や真ん前に住まないようにしなさい」と言ったのです。

するとは、せっかくの新築祝いだというのに、そんな縁起でもないことを言うなんて非常識だと怒りだしたのです。

「非常識と言うけれど、あなたのためを思って言ってるの。今までアドバイスを続けてきて、私の言う通りにしたら何もかも全部成功してきたじゃないの。言った通りにして悪かったことは一度もないでしょう？　悪いことが起きるのは大抵私のアドバイスを無視した時だったじゃないの。考えてごらんなさい」

「そりゃ、そうだけど」

結局、私は怒って帰ってきてしまいました。

それから後に彼が、今度は都内のAというところに家を買ったという話を聞きました。私の友人たちは招待されて遊びに行ったらしいのですが、私のところへは引っ越し通知も来なければ、招待もされない。まあ、うまくいっていればそれでいいじゃないかと思っていたのです。

結局彼は自殺をしてしまったのですが、お葬式の時に初めてその家に行きました。すると、なんとお寺と神社に挟《はさ》まれた家だったのです。きっとまた私に怒られると思って引っ越したことを知らせなかったのでしょう。後で知ったのですが、その家を設計したアメリカの建築家は本国に帰ってから自殺していたそうです。しかもその家は、彼が若い頃、ある女性と同棲していたアパートの五軒先でした。きっと呼ばれたのでしょう。その女性は海に入水《じゅすい》自殺しているのです。彼が死んだのも、その女性が死んだのも年の暮れなのです。

きっといろんな原因が複合的に重なってきたのだと思います。もし彼があどけない若い頃のように私の言うことを素直に聞いてくれていれば、きっと助かっていたはずなのですが……。

証明するために見せられる

『麻雀放浪記』で著名な作家の阿佐田哲也さん。本名の色川武大の名前でも純文学をお書きになっていた、とても才能のある方でしたが、面白いエピソードがあります。

昔、私がクラブを経営していた頃、佐藤愛子さんや川上宗薫さんたちと私の所にいらしたとき、阿佐田さんが座ろうとなさったその瞬間、彼の病気が始まると思ったのです。ナルコレプシー。別名「眠り病」とも言われています。それが原因で小人がいっぱい出てきて戦ったりする幻覚だか幽霊だか訳のわからないものが見えてしまい、そのあいだの記憶がおかしくなってしまうのだそうです。そうご自分で言ってらっしゃいました。彼が座ろうとした瞬間、私は『あっ、始まった』と感じて、お経をあげてポンと背中を叩いて払ってあげると、「どうしてわかったんですか？　始まりそうだったのが」と言われます。

「ええ、わかりましたよ。もう大丈夫です」と答えると、周りの皆さんは何のことかわからず呆然《ぼうぜん》となさっていました。それはそうでしょう、席につくかつかないかでいきなりお経を始めたのですから。

そのあと、阿佐田さんに、

「誰かはわからないけれど、おばあさんのような声で『谷中へ来い、谷中へ来い』と言っていますよ。谷中に何か心あたりはありますか？」と訊くと、実は家のお墓が谷中にあるそうなのです。

私が続けて、「みっともないことをしてくれて、世間体《せけんてい》が悪い、と言っています。すごく厳格なおばあさんのようですが、どなたですか？」と訊くと、阿佐田さんは「私の祖母です。厳格な人でした」と言われます。

世間体が悪いというのはいったいどういうことか訊くと、ついこの間、ある雑誌の取材で、そのお墓の前で女の人を連れて一緒に写真を撮った。しかも、みんなが見てるから、お線香を上げて拝むところは照れくさいと、お線香も上げず、拝みもしないで写真だけ撮って帰ってきてしまったそうなのです。

「やっぱりお墓でも世間体があるらしいですよ。自分の孫が線香もあげないで女と写真だけ撮って帰るなんてみっともない、って怒ってらっしゃいました。行って拝み直していらっしゃい」と申し上げました。

そして「それにしても変ですね、あなたのお宅は。何だか庭が大きなモグラが暴れたみたいに土がデコボコになっているのはどういうわけですか?」と言ったら、それこそ阿佐田さんは吃驚仰天《びっくりぎょうてん》されていました、どうしてそんなことがわかるのかと。

どうしてそんなになっているのか、こっちが聞きたいと言うと、実は戦時中に防空壕を縁の下に掘ったんだけれども、戦後その土を庭へめちゃくちゃに投げ込んでてんこ盛りにして、お父さんが面倒くさいからとそのまま放ったらかしにしていた。そのまんま草がはえてしまっているのだそうです。

「なんで私にそれが見えたんでしょうね」と言ったのですが、それは結局、私が言ったことが正しいことを証明するために、世迷《よま》い言《ごと》ではないということのために証拠として見せられたようです。

エディット・ピアフとクレオパトラ

『愛の讃歌　エディット・ピアフ物語』を私の作・演出・主演で上演していた時に、エディット・ピアフが降りてきたことがあります。これは大勢のスタッフやキャストの皆さんもご存じなのですが、ある日突然、身体の具合がめちゃくちゃになってしまったのです。胃はさしこむし、もう芝居ができないのでは、というほどでした。病院で点滴を打ってもらい、劇場へ帰ってくると、ある役者さんが「昨日、十月十一日、ピアフの命日でしたね」と言うのです。しまった、と思いました。芝居が開く前に、ピアフの命日が公演中に来るから、全員で黙禱《もくとう》を捧げようと言っていたのに、それをすっかり忘れていたのです。

すぐに楽屋へ籠《こ》もってお経をあげ、供養をし、彼女とお話しをいたしました。

するとあれほど具合が悪かったのに、すっと痛みが止まったのです。病院の予約も解約しました。でも、命日は昨日だったので一日遅れてしまった。それを誰にともなく言うと、あるスタッフが「いや、フランスとの時差を考えると、日本では今日ではないですか」と言うのです。時差のせいでなんとか供養は間に合ったようでした。具合も良くなって公演もつつがなく行うことができました。

そのように、よく降りていらっしゃるので困るのです。テレビに出演している際に降りてきたことがあります。歴史がテーマの番組でクレオパトラの特集を収録していた時に、急に涙が出てくるのです。傍《かたわ》らには共演者の方々やスタッフの人などたくさんいらっしゃるので、困ったなと思っておりますと、アルトの知性的な綺麗な声が聞こえてきて、

「私についてのことは、すべてローマの側から流されたデマなのです。私はそんな女ではありません」と言うのです。

世界征服を狙った妖婦、悪女と言われているけれど、本当は良妻賢母で人格的にすぐれた女王だった。だから周囲もみな彼女を支持し続けたのだと言います。

自分がエジプトの軍を率いてローマを攻め、支配しようとしたといわれているけれど、その頃のエジプトは先進国で、それに比較するとローマは新興国でまだ野蛮な国だったそうなのです。ですから、そんな国は欲しくもないし、こちらは十分富もある。一度だって自分のほうからローマを攻めようとしたことはなく、攻めてきたのはローマ兵のほう。まずそこが間違っている、と言います。

そして、アントニーを自分の利益のために誘惑した、ということになっているけれど、実はそうではなく、かつてジュリアス・シーザーが生きていた頃、彼はよくテンカンの病気で発作を起こしていたのだそうです。エジプトにはそういったものを直す薬事方《やくじがた》がいて薬もあったそうです。献身的に尽くすクレオパトラをシーザーの侍従《じじゅう》として仕えながらアントニーは見ていた。そしてクレオパトラを尊敬し、陰ながら愛していた。そして彼女もそれを感じていたということなのだそうです。「あなたは男から見たら理想的な妻だ」と言ってくれたそうです。

そういうことがあったために、アントニーは死を覚悟の上で、シーザーの死後、ローマからクレオパトラと息子シザリオンとを逃がしてくれたそうなのです。

「あなたに迷惑がかかるから」と一度は断ったけれど、「自分に迷惑がかかっても、あなたを逃がすことが本望なのです」と言って逃がしてくれたそうです。その恩義があるために、アントニーがエジプトに来てローマ軍が水や食料を要求した時には、命を助けられたお礼のために、わざわざ船に乗って礼を尽くしたそうです。

ところがローマ側は、着飾っておめかしをしてアントニーを誘惑しにいったと言ってるけれど、そういうことではない、と言う。親子ともども命を助けてくれたから、それでお礼に行った。出来るだけのもてなしをし、「出来るだけお力になりましょう。食糧でも何なりと用意しましょう」と言ったそうです。

そしてアントニーが、未亡人になって一人でやっているクレオパトラを見ていて「力になります」と言っている間に愛されるようになって、愛し合うようになった。私は親子水入らずで、五人で暮らしていれば、それだけで十分幸せだった。世界征服なぞとんでもない。この家族の幸せがあれば、世界なんて何の値打ちもない、と言うのです。アントニーとの間に男の子と女の子の双子の子供がいた、そしてシーザーとの間に一人子供がいて、それで親子五人。仲良く暮らしていれば、それだけでよかったというのです。

でもアントニーにはローマに妻がいたのです。そしてその妻の弟が痴《し》れ者《もの》で、姉さんに恥をかかせたということもあって、エジプトに攻めてきたために戦争になってしまった。その戦争の最中に、きびすを返して、アントニーを見捨てて一人だけ逃げ帰ったと言われているけれど、心外だとクレオパトラは語ります。

確かに、アントニーが戦っている時に、自分はアレキサンドリアに逃げ帰ったのだけれども、それは、アントニーは男だから何とかやってくれるだろう、それよりも、負けたときに子供たちが殺されると思ったのだそうです。自分は殺されてもいいけれども、子供たちだけでも助けたいと思い、子供を助けるために逃げ帰って、シザリオンと双子の子供を、供をつけて逃がしたそうなのです。ところがその家来の男が裏切ったためにシザリオンは殺された。アントニーとの子供二人は命を助けられたらしいのです。

「クレオパトラはものすごい悪女で世界征服を目論《もくろ》んでいたと言い伝えられている。それがくやしい」

それを私にことづけていったのです。それから一週間ぐらい経った後、朝日新聞を見ると、アレキサンドリアがあった海中から女人像が引き上げられたという記事が出ていました。それが三人の子供、大きな子が一人、小さい子が二人の三人を抱くようにした女人像だったのです。専門家のコメントは「誰かわからない」となっていて唖然《あぜん》としましたが、三人の子供を抱えていたのですから、それはクレオパトラの像にきまっているでしょうに。

亀が守っている

横尾忠則さんの時は、私が車を運転して横尾さんが助手席に乗っていました。ちょうど三軒茶屋まで来たときに、「亀が守ってるから安心しろと言ってください」という声が聞こえてきました。何だこれは、と思って「ちょっと横尾ちゃん、男の人の声で、亀が守ってるから安心しろと言ってるんだけど、思い当たることない?」と訊くと、「ああ、うちの死んだおやじが亀太郎というんだ」と言います。聞けば、横尾さんはそのお父さんに、あの親子は異常だ、ちょっとおかしいと近所で言われるほど、舐《な》めるように可愛がられたそうなのです。それは義理のお父さん、おじさんにあたる人なのですがそこへ養子に行ってその方がお父さんになったそうです。

小さいころ、いなかで亀を川で捕まえたときに、その亀に自分の名前か何かを彫って放してやったことがあって、何年か経ってからその亀が出てきたそうです。そういうことがあったからか、横尾さんの作品にはよく亀が登場します。

以前、私の家で話しているときに、「あなたは今に商売を変える。絵描きさんになって、しかも普通の油絵とかではなくて、キラキラと光る、不思議な材料を使って絵を描くようになる」と私が言ったら、彼は現在その気はないので、ああそう、と聞き流していました。そして何年か経って、彼の展覧会が開かれているところへニューヨークから息子さんが帰っていらして「パパ。美輪さんが言ったとおりになったね」と言ったそうです。横尾さんは忘れっぽい人だから「えっ、何が?」と呑気《のんき》に言っていたら、息子さんが「だって、グラフィックデザイナーをやめて絵描きになって、それでキラキラ光る硝子《ガラス》のようなものを作品に使ったりして絵を描いている。美輪さんがずっと何年も前に言っていたじゃない」と言うと、「思いだした。そうだ」ということで私のところへ慌てて電話をかけてきてくれました。

あとで、その絵を見せてもらいましたが本当にそういう作品だったのです。

また別の時には、横尾さんが体の具合が悪いというので、

「まだ訪問したことはないけど、あなたの住んでる家の中に、陽の当たる部屋が一か所ある。その部屋であぐらをかいて静かに瞑想して、太陽をイメージしながら、その真っ赤な太陽のエネルギーを全部静かに体じゅうに吸い込むようにする、というのを午前中になさい。そうしたら病気は治ります。ご先祖がそうおっしゃってるわよ」と教えてあげました。

ご自分の家の二階の部屋が、その太陽の当たる一か所の部屋だそうですが、ちょうどそこには家の太陽信仰の宗旨の神様が祀《まつ》ってある部屋だったそうです。私は一度も訪ねたことがないので全然知らなかったのですが、その様子がわかったのです。

また別の時には横尾さんが、知人の紹介で京都に土地を買ってそこに家を建てて引っ越すことにした、東京の家は引き払うと言うのです。

「そこは、屍《しかばね》が累々《るいるい》とあるところで、古戦場の跡です。しかし古戦場にしても、ちょっとおかしいくらい屍が多すぎる。近所に竹藪《たけやぶ》があって、小さな溝が流れている場所だけど、本当に危険なところだから、あなたは行っちゃいけない」と申し上げました。ところが手付金を払ったというのです。

「手付金を返してもらうようにしなさい。裁判をしてもいい。返さないと言ったらいい弁護士を紹介するから、その手付金を返してもらいなさい。普通の人間がそこへ行くと、病気で倒されるか、僧籍に入るかどっちかしかないのです。絶対にそこへ行ってはいけない。やめなさい」と、やめさせたのです。

すると、弁護士に頼ることもなく、不動産屋が素直に手付金を返してくれたそうです。そして、後で調べてみると、実は、そこの傍《そば》は死体焼き場だったのです。

三島さんの『卒塔婆小町《そとばこまち》』を演出・主演したときの初日、開演前、私が「ああ、きょうは三島さんが客席にいる」と言っていたら、その日公演を観に来てくれた横尾さんが、終わって楽屋に入ってくるなり「きょう、三島さんがいたよ」と言うのです。「実は、私も楽屋でそう言っていたの」と、その話がピタッと一致したのです。あの人といると、よくそういう不思議なことが起きます。

瀬戸内寂聴さんと長慶天皇

その横尾さんが、ある日、「瀬戸内寂聴さんが会いたがっていたよ」と、私に言います。どうしてと訊くと、佐藤愛子さんが書かれた『こんなふうに死にたい』という本を読まれて、佐藤さんにはこんな不思議なことがあって、横尾さんにも不思議な出来事があるという、それなのにどうして自分には不思議なことが起きないんだろう、と言われていたそうです。そのうえ、「どうしても聞きたいことがある」とおっしゃっていたそうなのです。

知らない仲じゃなし、私のところに連絡なさればよろしいでしょうに、と話したのです。

それから一週間くらい経った後、それこそ何年ぶりかで新幹線の中でバッタリお会いしました。そのうち時間を作ってゆっくりお話ししましょうと言ってお別れしたのですが、今度は雑誌の対談企画でお会いすることになりました。急に距離が近くなって、これは上のほうで何か操作する力が働いているな、と思っていました。

瀬戸内さんが私の家にいらっしゃって、対談を収録しました。そして、対談が終わり、みんな話すことがないのです。空白の時間がただ流れてゆきます。おかしいなと思っていると、私の体が金縛りのようになり立てなくなり、ああ、またお役目が来たのだと感じました。

目の前に中年の上品な男の方の首が、横になって転がっているのが見えます。その髪型がお殿様のような形なのです。だけれど武士のように月代《さかやき》を剃っておらず総髪で特殊な髪の結《ゆ》い方なのです。そして眉が殿上眉《てんじょうまゆ》です。眉を剃り落として額の上のほうに描く眉はお公家《くげ》さんがよくしていたものですから、これは高貴な方だなと考えていると、ひらめきました。

瀬戸内さんに「岩手にあるあなたのいらっしゃるお寺、まだ伺ったことがないけど、天台寺に木彫りの観音様が二体祀《まつ》ってありますね」と尋ねると、ありますと言われます。

「中年の男の人で、殿上眉を描いて、武士ではなくお殿様のようですが、多分お公家さんだと思います。上品で、怨んでる様子はなく、とてもきれいな顔をした、ハンサムな方です。この方をあなたは祀らなければいけない責務がある。観音様がご本尊だけれども、それと同じぐらいに大事ですから、その方をもし供養してお祀りなさったら、いい意味で大変な現象が起きますよ。この方は前世であなたと縁があった人です。何か思い当たる節がありませんか？」

そう私が言うと、

「へえーっ、それが、あるのよー」とおっしゃいます。

瀬戸内さんが晋山《しんざん》された天台寺に三年間学術調査が入り、長慶《ちょうけい》天皇の首塚というのが出てきたそうなのです。長慶天皇とは第九十八代、南朝の第三代の天皇ですが、南朝凋落《ちょうらく》のため足利幕府に追われて各地を転々とされたという伝説が伝えられているのだそうです。

昔から長慶天皇がそこで亡くなったということは言われてきたけれど、地域振興・村おこしのためにそういうことを言っているだけで、天皇ともあろう方がわざわざ東北のはずれまで来て死ぬわけがないと思っていたそうなのです。しかし本当に塚が発見され、それがボロボロになっていたので直したばかりだと言われます。私は、どうぞ供養をなさって下さいと申し上げました。

数日後、瀬戸内さんから電話がかかってきて、「ちょっと、大変なのよ」と言われます。私が申し上げた通り、長慶天皇のお位牌《いはい》を作るために仏壇屋を営んでいる徳島の実家に帰られて、お位牌を注文してから京都の寂庵に戻り、

「留守中に誰かいらした？」と聞いたら、

「三十三間堂《さんじゅうさんげんどう》の門跡《もんぜき》さんのお使いの方が見えました」

「何の用だったのかしら」

「はい、長慶天皇の六百年祭の帰りだということをおっしゃってました」

びっくりなさった寂聴さんは、その方に電話をされて六百年祭のことを詳しく聞いたそうです。そうしたら、その日はちょうど瀬戸内さんが私に言われて天台寺で長慶天皇の供養をしていた日と同じ日だったそうなのです。

私が霊視した際、瀬戸内さんに「この方は前世であなたと縁があった方ですから、よく調べてごらんなさい」と申し上げました。

そこで瀬戸内さんがお調べになると、長慶天皇という方は、南北朝時代、南朝

の最後から二番目の天皇で、明治時代までは「在位の事実はない」と、歴史的に抹殺された天皇だったそうなのです。ところが昭和十九年(一九四四年)、戦争の真っ最中に廟《びょう》が建てられているのです。すでに敗戦色が濃くなっている大変な混乱期で日本全体がそんな御陵《ごりょう》を建てるような状態ではなかった時にです。そのような時期に御陵を建てるということは、これは一種の怨霊封じとして造られたのではないかとお話ししました。その御陵は瀬戸内さんの寂庵と仕事場にしていらっしゃるマンションのちょうど道筋にあって、以前から気になっていた御陵だったそうなのです。

その後、NHKテレビの瀬戸内さんとの対談企画で私が京都へ行き、その御陵にお参りした時のことです。拝んでいると、歓喜天《かんきてん》のような密教の神様がずらっとお並びになる。天皇家は代々神道だと思っていましたから、不思議に思い、拝み終わってから瀬戸内さんに、

「とっても変なのよねえ。神道の神様が出てこないで、密教の神様ばかりが出ていらした。どうしてかしらん」と言うと、

「それ正解よ。南朝、吉野は密教だったんですよ」と言われます。私は知らなかったのですが、南朝を開いた後醍醐《ごだいご》天皇は、密教を信仰していらしたそうなのです。

また、「それとは別に、霊界では長慶天皇は、この御陵と天台寺と、それとももう一か所を行ったり来たりしていらっしゃるらしいのだけれど、どこだか心当たりはありませんか?」と訊くと、「それは五所川原《ごしょがわら》よ」と瀬戸内さんがおっしゃいます。

「五所川原」は昔は「御所川原」と書いたそうです。そこに御所があったからそういう地名が付いたのでしょう。長慶天皇は北朝の手を逃れて各地を流浪《るろう》していました。私は「水軍がついている」と言ったのですが、父である後村上天皇がつくった水軍「村上水軍」が守って御所川原までお連れした。そこにしばらくは滞在されたけれど、そこへも追っ手が迫り、危ないというので天台寺まで逃れ、そしてそこで亡くなっているのです。

それから、前世で瀬戸内さんと何かつながりがあったはずだけれども、その方はどういう天皇だったのだろうと思って瀬戸内さんに訊くと、実は、『源氏物語』

の解説書ともいうべき『仙源抄《せんげんしょう》』という書物を書かれた方だったのです。

「私は側《そば》にいるお小姓か何かで、硯《すずり》で墨でも摺《す》っていたのかしら」と瀬戸内さんが言われ、私も、そうかもしれないですね、とその時は申し上げましたが、後に霊視してみますと、踊りが上手で、珍しく学問のできる、〈白拍子《しらびょうし》〉、男装の遊女がいて、おもしろいということでお側に置かれたようなのです。それが瀬戸内さんの前世だったのです。ですから、ただのお小姓というわけではなかったようです。長慶天皇が『仙源抄』を書かれているときにも、側《そば》にいてお手伝いをしていたのでしょう。

そういうことがわかったので、瀬戸内さんに、あなたが『源氏物語』を書き始めたのは天台寺へ行ってからではないですかと訊くと、指折り数えて「そうだ」と驚いていらっしゃいました。

「そうでしょうね。あなたが行くまでは、どなたが住職としていらしても、いられなくなるか、長生きできずにすぐ命をとられたりしているはずですよ」と言うと、今東光さんもそうだし、その前の方もそうだったとおっしゃるのです。

そして、『源氏物語』を書いたら、私が言っていた「いい意味での凄いことが起こる」ということがその通りになったのです。大寂聴ブームが起きて、瀬戸内さんの書いた『源氏物語』は大ベストセラーになり、売れに売れたのですから。瀬戸内

数年後、再び雑誌の対談で岩手の天台寺へ伺いました。塔婆《とば》が建っていて、その前で拝ませていただいていると、「この塔婆ではなく、真ん中が丸く、屋根があって、その下に台座が四角く、上には五輪塔《ごりんのとう》を載せてある。そういうものを石で造って、墓として祀るように」という言付《ことづ》けがありました。

拝み終わってから、隣で拝まれている瀬戸内さんに、それを伝えると、「あら嫌《いや》だ。たった今、私はそれをあなたに尋ねようと思っていたのよ。あなたには何でも私の思っていることを先に言われちゃうからびっくりしちゃう」と言われます。

京都の骨董屋で、一目で気に入った、そういう形の墓石を買って、天台寺へ持ってきて使おうと、車のトランクに入れようとしたときに、『まてよ、また美輪さんに「余計なことをして」と怒られるかもしれない。美輪さんに聞いて、お許しが出たら持ってこよう』と思われていたそうなのです。私が形を説明すると、

まさにその通りのものなのだそうです。では、それをお持ちになってご供養なさるように申し上げました。

そして、その天台寺で、私と瀬戸内さんのお説教の会があったのですが、何千人という人たちがそれを聞きにいらしていました。瀬戸内さんのお話が終わって、次に私がお話を致しました。話をしているうちに、もの凄い雨が降り出しましたので、私が「えーい！」と気合いを入れたら、雨が鉈《なた》で切ったようにスパッとやんだのです。するとそこにいた目撃者の何千人という人々がいっせいにワーッと叫んで、拍手喝采《かっさい》をなさった。しかしその一瞬、『はっ！　これは龍神さまが、何か用事があるために降らせた雨だ』というふうにひらめいたのです。

『こんなことをして、ごめんなさい』と心で謝った途端に、ピタッと止まっていた雨がまたザーッと降り出したのです。

講演を切り上げて、皆さんがお帰りになったあと、母屋《おもや》でお茶をいただきながら、『あの雨はどこの龍神さんで、何の用事があったのかしら？』と考えながら、瞑想をしておりますと、『お寺の仁王門《におうもん》の外に左右対称になって泉が湧いているところがあるけれど、そのうちの一つがふさがれていて龍神は息が出来ない。しかも昔は祀《まつ》られていたのだけれど、今は祀られていない、それをちゃんと祀るように、一方は鳥居だけでもよいけれど、片方は祠《ほこら》をきちんと祀るように』と言われたのです。そこにいらした村人の何人かの方々に、そういうものがないか訊いたのですが、誰も思い当たるところはないそうなのです。そこへ瀬戸内さんが入っていらしたので、そういうものがないかうかがうと、

「あなた方あるじゃないのよ、それは仁王門の前にあるでしょう」

瀬戸内さんがそう言い終わるやいなや、村の人がそこへ飛び込んできて、

「大変だ、仁王門の前の坂道で水が噴き出して渦を巻いている。人が通れない」

と言うのです。

私は正面からではなく車で裏道から来たので、そこを通らずにお寺に来たのです。じゃあ車は先に下りてもらって、私たちは歩いてそこまで行きましょうと言って仁王門を出ました。さっきまでの豪雨は嘘のように小降りになっていました。その場所に着いて見るとそこは井戸のようになっていて、コンクリートでふさいであるのです。危なくないように金網が張ってあります。祀《まつ》るのだったら神様

の名前を付けなければいけないし、祠《ほこら》も作らなければと言っていると、そこにちゃんと祠がありました。中は空っぽでしたが、「清水《きよみず》龍神」と名も書いてありました。その場所は斜面になっていて危ないので、そのままになっていたらしいのです。もう片方は水がチョロチョロと流れていたので「鳥居だけでよい」というのはこちらの方だなと判りました。

このようなことがあって、一つのお役目が終わったわけです。つまり、瀬戸内寂聴さんの一つの大きなお役目は、長慶天皇を世に出して広めるということだったわけです。

長慶天皇は、自分だけが祀られていて、それが心苦しい。供《とも》の者も大勢いたから、その者たちの供養塔も建ててほしいというのです。瀬戸内さんにもそう申し上げました。それは瀬戸内さんにとっては自分の供養でもあるわけです。前世ではそこで死んでいるわけですから。

そして、これで瀬戸内さんにも、ご本人の念願通り不思議なことが起きたというわけです。

長嶋茂雄さんのこと

さて、霊に関するエピソードも終わりに近づきました。書ききれなかったことも沢山あります。すべてを書いていると、あと十冊くらい本が出来てしまうくらいいろいろな事がありました。しかし、今まで書いてきたことで、おおよそのパターンはお伝えすることが出来たと思います。最後に少しユーモラスな出来事を書いて、この不思議な話をおしまいに致します。

ミスターこと長嶋茂雄さんのことです。

昭和三十年代はじめのこと、浅草の今はなき国際劇場で開かれた正月興行で、初めてお目にかかりました。ジャイアンツの選手の方々が招かれてゲスト出演をされました。フィナーレでサインボールを投げたりするので、別所毅彦さんや藤田元司さんなど往年の名選手の方々もみなさん出ていらっしゃったのです。舞台の袖で別所さんから長嶋さんを紹介されました。

楽屋では選手の方や芸能人の人たちが麻雀をされていました。堺正章さんのお父さんでコメディアンの堺駿二さんや歌手の灰田勝彦さんなど、みなさん同じ楽屋でした。その頃、楽屋内で私が隣に座った人は必ずツクという噂《うわさ》があったのです。麻雀歴の長い堺駿二さんは、実はそれまで一度も勝ったことがなかったのです。なのに、私が隣に座ったら生まれて初めてお勝ちになりました。その噂がみんなに広がって、今度は別所さんが隣の私の楽屋までいらして、入り口で、「ちょっと来て茂《シゲ》の隣に座ってくれませんか？　シゲ今負けちゃっててね。熱くなってるんですよ」と、おっしゃるのです。それで出ていって長嶋さんの隣に座ったら、勝負に滅茶苦茶沈んでいらしたのがみるみる浮いていらしたのです。そして、ついにお勝ちになりました。

出番がきてステージに立ち、楽屋に戻ると、また隣の部屋から呼びにきて、今度は長嶋さんがポーカーをやっていらして、また負けていらして、その後方では堺駿二さんが麻雀をされています。これもまた負けている。私は長嶋さんに呼ばれたのでそちらの方へ行きたかったのですが、堺さんが私の服の袖《そで》をつかんで離さないのです。「ここにいてくれ、ここにいてくれ」と、引っ張るのです。もう、しょうがありません。私がそばに座った堺さんはその勝負にも奇跡的にお勝ちになりました。一方長嶋さんはポーカーで負けてしまいました。あの時私は長嶋さんの隣に座ってあげたかったのですが……残念でした。

今でも長嶋さんはその事をはっきり覚えていらっしゃいます。


また、数年前、年末のイベント番組で長嶋さんと北野武さんとご一緒した時、収録の帰りの船の中で、長嶋さんと二人でお話ししていて、ふっと見ると、長嶋さんの背後に神々しいお不動様がついていらしたのです。それで、

「あらっ。長嶋さんの後ろにお不動様が見える、どうしてなの？」と私が訊くと、たいそう驚かれて、「ええっ？　そういうことってあるんですかね。前にもある人に同じことを言われてね」とおっしゃいます。

実は、それで長嶋さんは厳島《いつくしま》神社かどこかの神社の仏師にお不動様を彫ってもらって、それを等々力《とどろき》不動へ行って、つい二、三日前に心《しん》を入れていただいて、家へ持って帰ったばかりだったのだそうです。私は何も知らなかったのですが、それが見えたのです。あの時、長嶋さんは本当に驚かれていました。

霊イコール人間

霊なんて怖くないということで、縷々《るる》述べてまいりましたが、お読み頂いておわかりのように、本当は怖いのです。恐ろしいのです。ですが、霊も人間も同じなのです。肉体があるか無《な》いかの違いだけですから。人間から目に見える部分を取り除いたものが霊なのです。ですから、霊が怖いということは、〈人間が怖い〉ということなのです。

ですから、霊だけが怖いと思ったら大間違いです。人間でも、いい人もいれば悪い人もいる。それを霊だけを怪物扱いをして、特別な性質のものだというふうに付加価値をつけすぎているのです。ですからその付加価値の部分で怖がっているだけなのです。

私が、霊なんて怖くない、と言っているのは、「では、あなたは人間が怖いのですか？」ということなのです。もし、そうだとしたら、人間を見るたびにキャーッと言って失神していなければなりません。表にも出られない、家族にも会えません。皆さん普通に表に出て、買い物も出来るし、人通りの多いところを歩けるわけですから、それと同じことだと思えばよいわけです。そう思えれば怖くありません。

また、その逆も考えてみて下さい。人間というものは霊と同じくらい怖いとい
うことです。妬《ねた》みもし、僻《ひが》みもする。人殺しもすれば、騙《だま》しもする。陰謀を巡《めぐ》ら
せる、人の足を引っ張る。裏切る。罠《わな》を仕掛ける。詐欺も働く。嘘をつく。そし
て人を貶《おとし》める。ですから、霊が怖いというのは人間が怖いということなのです。
人間は目に見えるから、皆さん怖がらないだけなのです。

かたちとして見えるか見えないかの違いだけで、中身はまったく同じことなの
だ、ということを、私は切《せつ》に述べたいのです。

霊《れい》ナァンテコワクナイヨー

発行日　二〇〇四年四月八日　第一刷
二〇〇六年三月三日　第八刷

著　者　美輪《みわ》明宏《あきひろ》

発行人　伊東　勇
編　集　藤本真佐夫
発行所　株式会社パルコ　エンタテインメント事業局　出版担当
東京都渋谷区宇田川町一五ノ一
電話〇三・三四七七・五七五五
http://www.parco-publishing.jp/

印刷・製本　図書印刷株式会社

ISBN4-89194-683-0　C0095

美輪明宏プロフィール

一九三五年、長崎市生まれ。国立音大付属高校中退。
十七歳でプロ歌手としてデビュー。一九五七年「メケメケ」、一九六六年「ヨイトマケの唄」が大ヒットとなる。一九六七年、演劇実験室「天井桟敷」旗揚げ公演に参加、『青森県のせむし男』に主演。以後、演劇・リサイタル・テレビ・ラジオ・講演活動などで幅広く活動中。一九九七年『双頭の鷲』のエリザベート王妃役に対し、読売演劇大賞優秀賞を受賞。

主要作品
〈演劇〉…『毛皮のマリー』『黒蜥蜴』『椿姫』『愛の讃歌（エディット・ピアフ物語）』『葵上・卒塔婆小町（近代能楽集）』
〈ＣＤ〉…『古賀メロディーを歌う』『美輪明宏全集』『〝愛〞を唄う』『美輪明宏全曲集』『日本の心を歌う』『昭和の名歌を唄う』『美輪明宏の世界』『ヨーロッパ・ヒットを唄う』『愛の贈り物』（キングレコード）『喝采／銀巴里ライヴ』（ビクターエンタテインメント）『白呪』（アンサンブル）
〈著書〉…『人生学校 虎の巻』（家の光協会）『人生讃歌』（齋藤孝氏との対論集）（大和書房）『地獄を極楽にする方法』『強く生きるために』（主婦と生活社）『ぴんぽんぱん ふたり話』（瀬戸内寂聴さんとの対談集）『愛の話 幸福の話』（集英社）『天声美語』（講談社）『あぁ正負の法則』『人生ノート』（ＰＡＲＣＯ出版）『光をあなたに』（メディアファクトリー）『ほほえみの首飾り』『紫の履歴書』（水書坊）『生きるって簡単』（佼成出版社）